汚い部屋から　絶対抜け出す！

人生が変わる 片づけ術

村越克子・笠原恭子 著

永岡書店

はじめに

順番さえ間違えなければ、あなたの部屋は必ず片づく

あなたがこの本を手にしたということは、今、生活している部屋の散らかり具合に不便さや居心地の悪さを感じ、そろそろ何とかしたいと感じているのではないでしょうか？

そうは思っても、

「片づけるといっても、どこから手をつけていいのかわからない」

「片づけても、片づけても、すぐに散らかる」の繰り返しで挫折……。

でも、片づけに悩んでいるのは、あなただけではありません。かく言う私も片づけ下手の代表選手。第2章の冒頭に登場した、出勤前に探しモノばかりをしている女性のモデルは、まさしく自分自身といってもいいくらいです。そんな私が、仕事柄、数多くの家を取材していくうちに、片づけにはルールがあることに気づきました。**多くの片づけ下手さんがこれまで失敗してきた最大の要因は「片づけの順序」**。これを勘違いしていたからこそ、うまくいかなかったのです。片づけは、順番が肝心。いきあたりばったり

に手をつけても、時間と労力をムダに費やすだけで、成果は上がりません。本書ではそこを克服するべく「片づけの黄金の順序」を3つの手順で示しました。手順どおりクリアしていけば、誰でも必ずゴールにたどりつけます。

もう1つ重要なのが、**一念発起して片づけた部屋をキープすること**。せっかく片づけた部屋が、半月も経たないうちに、元の散らかった部屋に逆戻りしてしまってはガッカリです。その原因は、散らかる生活にすっかりなじんでしまい、片づけが習慣として身についていないことにあります。朝起きて顔を洗うように、寝る前にスマホの充電をするように、片づけを毎日の生活の中に組み入れてしまえば、意識しなくてもできるようになります。そしてそれにもルールがあるのです。

本書は、手間や時間をかけない片づけや収納を自ら考案・実践されている、ライターの笠原恭子さんと意見をつき合わせ、誰でもすぐに実行に移せる片づけのエッセンスをまとめたものです。自分は片づけができない性格だと、半ばあきらめかけていた人は、これらのルールを知らなかっただけ。この本で示した基本的なルールを実行さえすれば、あなたの部屋は確実に片づきます。あとは、実行あるのみです。

村越克子

CONTENTS

もくじ

3章

これなら誰でも続けられる！片づけられない人のための新「片づけルール」

4章

脱「捨てられない人」！増えすぎたモノはこうして減らす

5章

片づけられない人のための「ラクチン＆シンプル」収納ルール

6章

片づかないモノたちの 快適&ラクラク片づけ術

《マイルーム収納のコツ》

《キッチン収納のコツ》

《玄関収納のコツ》

7章

リバウンドを徹底的に防ぐ! 片づいた部屋をキープするコツ

1章

毎日の生活がこんなに変わる！

これだけある、片づけのメリット

部屋が片づくと気分が変わる。
お金や時間に余裕ができて、生活の質が上がります！

部屋が片づくと、未来はこんなに変わる！

部屋が片づいていくと、どうなるでしょうか。
「いいことがたくさん起こる」のです。「いいこと」って？
たとえば、次のようなことが起こってきます。

メリット 1 気分・便利さが変わる！（⬇P12）

- スッキリして気分がいい
- 必要なモノがすぐに見つかって便利
- 掃除がラクチン

メリット 2 生活の効率・ゆとりが変わる！（⬇P14）

- 行動が早くなる
- 時間に余裕ができる
- 空間にゆとりができる

メリット 3

お金・人・モノとのつき合いが変わる!(↓P16)

- ムダな出費が減ってお金がたまる
- 交友関係がグッと広がる
- 不要なモノが増えない、たまらない

メリット 4

そして、暮らし・生き方が変わる!(↓P18)

- 台所が片づいて料理が楽しくなる
- 自分らしいファッションを見つけられる
- 部屋の居心地がよくなり、自分の暮らしが好きになる

そうです。日々の気分のよさやリラックスから始まって、暮らしや生き方にまで「いいこと」が起こります。

もうちょっと詳しく見ていきましょう。

メリット 1

気分・便利さが変わる！

スッキリして気分がいい

部屋が片づいていると、スッキリして気分がよくなります。部屋が散らかっていたり、水回りが汚れていたりするとストレスがたまりますが、キレイな部屋ではリラックスして過ごせます。

必要なモノがすぐ見つかる

片づいた部屋で、モノの置き場所が決まっていれば、そのときに使いたいモノがすぐに見つかります。いつも探し物をしていてイライラするということがなくなります。

掃除がラクチン

片づいている部屋は、掃除のしやすさが断然違います。床にモノがなければ、掃除機がスイスイかけられます。モノがカゴにまとめて入っていれば、掃除のとき、カゴごと移動させればいいので簡単。テーブルや棚の上に余計なモノがなければ、拭き掃除もラクチンです。

メリット 2

生活の効率・ゆとりが変わる!

行動が早くなる

使うモノを「探す」ことから始める、離れたところにわざわざ取りにいって戻す、モノが取り出しにくい……というムダな行動が、なくなります。最小限の動作でできるから、必要なモノを取り出し、戻すこともおっくうではありません。

時間に余裕ができる

最小限の行動で使いたいモノを探して使えるから、かかる時間も最小限に。モノが見つからなくて探し回るという時間のロスがなくなり、時間と気持ちに余裕が生まれます。

空間にゆとりができる

不要なモノを片づければ、本当に必要なモノをすぐに取り出せるスペースを作りやすくなります。部屋も広々として、ゆったりとくつろぐことができます。

メリット 3

お金・人・モノとのつき合いが変わる！

ムダな出費が減って お金がたまる

片づくと、モノの居場所はだいたい把握できるように。うっかり重複したモノを買ってしまうということも少なくなり、お金のムダ遣いも減るでしょう。キッチンがゴチャついていたり汚かったりすると、料理をする気になれず、つい外食やテイクアウトでお金を遣うことに。でも、片づいたキッチンなら、料理をする意欲もわいてきて、食費も抑えることができます。

交友関係がグッと広がる

不意の来客にも、あわてずに応対できます。片づけてからでないと友人を呼べないということもなくなり、交友関係がこれまでにないような広がりを見せるでしょう。

不要なモノが増えない、たまらない

モノの適量を把握し、かつ置き場所を決める習慣がつけば、適量を超えたモノは自然と処分し、ムダな買い物がなくなります。モノが際限なく増え続けることにはなりません。

メリット 4

そして、暮らし・生き方が変わる！

台所が片づいて料理が楽しくなる

キッチン回りが片づいていると、料理にかかる時間、片づける時間を短くすることができます。料理が楽しくなって食生活を大切にするようになり、より健康的な暮らしにシフトしていきます。

自分らしいファッションを見つけられる

クローゼットにどんな服があるかを把握しているから、朝の身支度にもゆとりが出ます。身だしなみをチェックする、お気に入りのアクセサリーを選ぶなど、自分らしいファッションを取り入れる時間も十分できます。

部屋の居心地がよくなり、自分の暮らしが好きになる

一度居心地のいい空間を作ってそれを保つ習慣をつけると、ムダなモノを買ったり、ムダなお金を遣うことが減り、結果的に自分の趣味や好きなことに打ち込む時間や金銭的なゆとりができます。自分の暮らしを愛し、自分自身を楽しむ生活が日常的になります。

片づいた部屋での暮らしは、肯定的に自分をとらえることができるようになります。自分がいとおしくなり、プラスのパワーが身につきます。でも、あなたが今、ごちゃついた部屋に息苦しさを感じながら暮らしているとしたら、そのストレスで暴飲暴食や衝動買いに走ることはありませんか？　あるいは、片づけられない自分に自己嫌悪を覚えたり、何事にもやる気がわかなかったりしませんか？

散らかった部屋で生活していると、負のパワーに取りつかれてしまうのかもしれません。

部屋を片づけるだけで、そんな自分とサヨナラできるとしたら、なんてすばらしいことでしょう！スッキリと片づいた部屋であなたは元気をチャージし、パワーアップ。いつしか暮らしをエンジョイする「暮らし美人」になっていくのです。

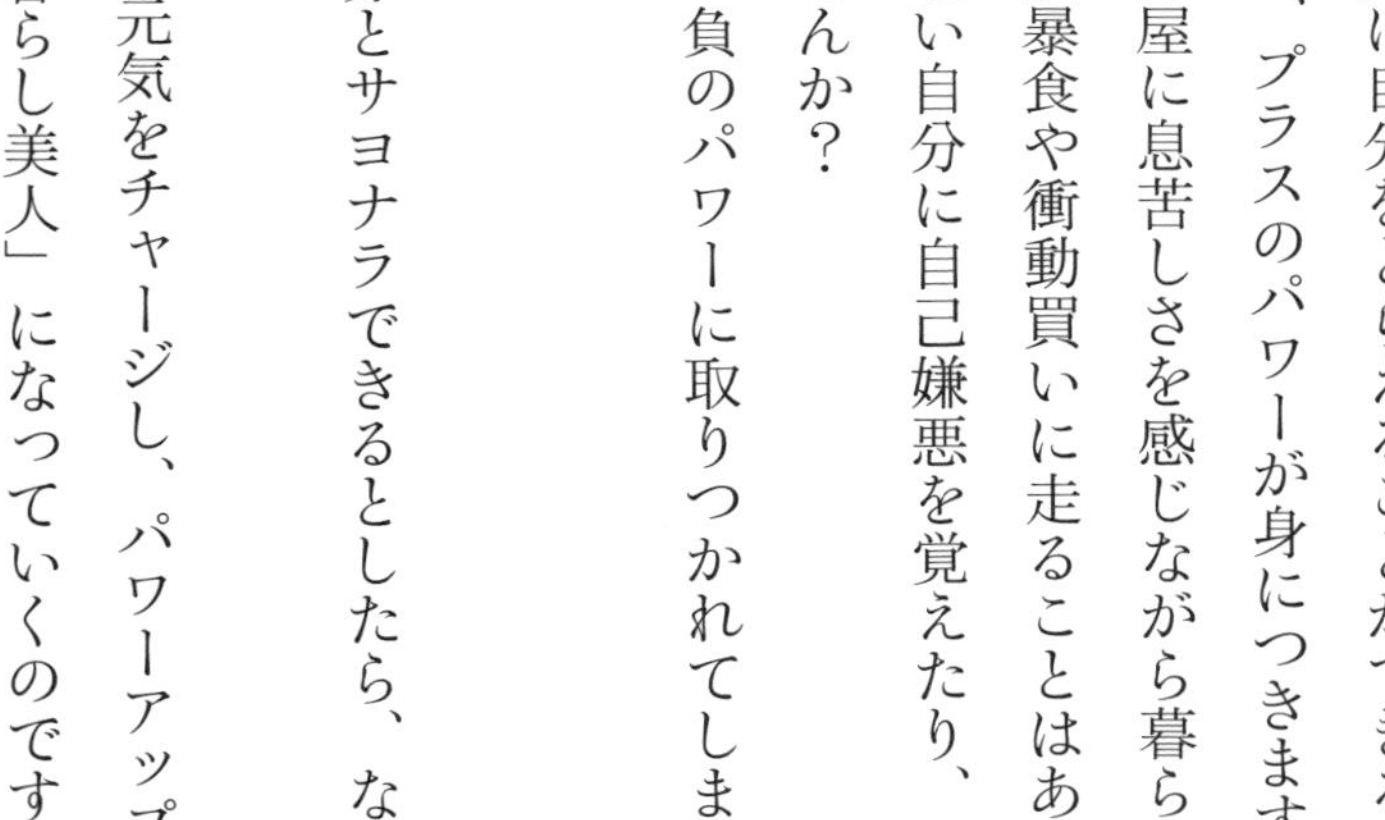

2章

ズボラな性格だけじゃない！

片づけられないのにはワケがある

片づけられない理由は人それぞれ。
まずは自分のタイプを知るべし。

あなたの部屋、くつろげますか？

あなたの部屋は気分がいい？　悪い？

あなたは、今どのような部屋で生活していますか？

朝、目覚めた瞬間から「きょうも1日がんばろう！」とやる気のわいてくる部屋ですか？

きょう身につける服、アクセサリー、靴がすぐ見つかりますか？

スマホや家の鍵がすぐに取り出せますか？

仕事が終わったら「外でご飯を食べるよりも、家でのんびり食べよう」と家路を急ぐような部屋でしょうか。帰宅したとき、1日の疲れが癒されるような、ホッと落ち着く部屋でしょうか。

それとも、部屋でこんな日々を過ごしていませんか？

朝起きても、なんとな〜く気持ちがスッキリしない。床の上は、小物や紙類が散乱していて、ソファには3日前に取り込んだ洗濯物がそのまま。テレビのリモコンがすぐに見つかりません。

着たいシャツが行方不明なので、あわてて別の服を選びます。スマホも見当たらず、やっと探し出してバタバタと出勤。

仕事帰りは、キッチンの汚れ具合を思い出して、外食にします。帰宅すると、朝そのままの散らかった光景。部屋の惨状をなるべく見ないようにして、テレビをつけるためにリモコンを探します。あれ、リモコン探すの、きょう何回目だっけ？

順応しているだけかも……

人間は、自分を取り巻く環境に、よくも悪くも順応して生きていきます。環境の1つが住環境。「散らかった部屋」が気にならないのは、ただ順応してしまっているだけかもしれません。

散らかっている部屋にストレスを感じたら、チャンス到来！

こんな毎日を送っていても、「不便はない、イライラもしない」と言い切れるのなら、あなたはまだ、「散らかっている部屋」で過ごしていけるでしょう。

でも、必要なモノがすぐに見つからなくてイライラする、いつも何か探し回っている時間がムダに思える、クローゼットにモノや衣類が入り切らなくてモヤモヤする、外出先から散らかった部屋に帰るのかと思うと気分が落ち込む……などの**負の感情が出てきていたら、踏ん切りをつけるときです。**

そう、片づけのチャンス到来！

このまま暮らしにくさや不便さに鈍感なまま暮らし続けますか？　それとも意を決して部屋を片づけますか？　今こそ決断のときです。

大げさだと思うかもしれませんが、この片づけの好機を逃さないことが、この先の人生に大きく影響するのです。

順応が限界を迎えることも

会社や学校からの帰宅途中で「あの部屋に帰るのかと思うと気分が落ち込む」などの症状が出ていたら、それは散らかっている部屋への拒絶反応の可能性が…。これまでなんとなく順応してしまっていたのが、そろそろ限界を迎えているということかもしれません。

POINT

散らかった部屋に不便やストレスを感じたとき。それが片づけの好機！

どうして片づけられないの？その本当の原因とは

「なんとなく散らかる」わけではない

「散らかしているつもりはないのに、なんとなく散らかる」

「片づけても片づけても、気がつくと散らかっている」

こう感じることはありませんか？

思い当たるフシがあれば、散らかる原因、片づかない理由がわかっていないということ。「なんとなく」や「気がつくと」散らかるのではありません。

「片づけられない自分」を卒業して、今度こそスッキリ居心地のいい部屋を手に入れたいと思うなら、まずは片づけられない理由を知っておきましょう。

片づけの「ズボラさん」になる原因はいろいろ

片づけを、「片づける時間がない」「しまっても、またすぐに使うから」「面

片づけが苦手な性格❶

几帳面すぎる性格で、片づけられない人もいます。完璧にやろうとして途中で面倒くさくなり、片づけを放棄してしまいがちです。

倒くさい」「どうせ誰にも見られない」「他にやることがある」「家が狭くて、モノが収まらないからしかたない」など思っていませんか？

　時間がない、面倒くさい、やる気が出ない、モノを捨てられない性格、家が狭い……。

　このように、片づけられない原因は、自分の思考や行動のパターン、性格、住環境などに潜んでいます。

　原因はいろいろあっても、結果として片づけられず、部屋が散らかる……。そんな状況に陥《おちい》ってしまったあなたを、これからは片づけの「ズボラさん」と呼ばせてください。

　「ズボラ」とは、「やるべきことを後回しにしたり、雑にこなしてきちんと

片づけが苦手な性格❷

モノが捨てられない人は、モノが増え続け、片づけが難しくなってしまいます。思い切って捨てるか、どうしても捨てられないならせめて見た目よく飾って収納しましょう（第4章〜第6章を参考に）。

しない人」のこと。片づけのズボラさんは、文字どおり片づけを後回しにしたり、中途半端に投げ出して、そのあげく、部屋が汚いことにモヤモヤしています。

ただし、片づけられない本当の理由は、片づけられない原因となった思考や行動パターン、性格、住環境ではありません。今まであなたがしてきた片づけが、それらの思考、行動パターン、性格などに合っていなかったから。つまり、**ズボラさんなのに、ムリして難しいことをやろうとして、すぐにモチベーションが下がって自滅してしまったのが真の原因なのです。**

ズボラさんは片づけを片手間でやろう

そこで、提案。片づけを「ズボラにラクに」やりましょう！

片づけは一大事《いちだいじ》、「時間をとって、全力で」やるイメージが強いかもしれません。でも、それは片づけ上級者だからできること。ズボラさんがそこを目指す必要はありません。ズボラ&ラクチンな片づけ術を極めてください。

これで、かなり気がラクになったのではないでしょうか。人の習性や性格はそう簡単には変わらないものですが、思考や行動は意識すれば変えられます。

次のページで、あなたの「片づけられない度」をさっそくチェック。自分がどれくらい片づけのズボラさんなのかを知っておきましょう。

片づけが難しい住環境

部屋が狭いと、収納スペースが確保できず、散らかりがちになるもの。不用品はどんどん処分し、場所を取らない効率的な収納法を考えましょう（第4章～第6章を参考に）。

【あなたの「片づけられない度」チェックテスト】

思い当たるものをチェックしてみましょう。

- □帰宅がたいてい夜10時を回る
- □休日は外出することが多い
- □片づけよりも優先しなくてはならないことがある
- □ソファやベッドの上にいつもモノが置いてある
- □2日以上前に使ったモノが出しっぱなしになっていることがよくある
- □「また後で使うから」とモノを元の場所に戻さない
- □モノの置き場所を特に決めず、適当に置いている
- □「片づけなくては」と思っても、体がなかなか動かない
- □家にいるときは、1日中、ジャージやスウェットを着ている

- [ ] スマホやリモコンがよく行方不明になる
- [ ] ここ1年間、人を家に呼んでいない
- [ ] 3年間着ていない服をしまったまま
- [ ] クローゼットの中がパンパンになっている
- [ ] おまけがついているモノを買うのが好きだ
- [ ] 日用品が特売になっているとつい買ってしまう
- [ ] 無料のモノはとりあえずもらう
- [ ] 冷蔵庫に、賞味期限切れの食品が3個以上入っている
- [ ] 片づけをすると同じモノが2～3個出てくる
- [ ] ビニール傘が3本以上ある
- [ ] 着たい服が見つからないことがよくある

【チェック結果診断】

0〜5個の人

あなたは片づけられる人。不用品の処分や片づけの習慣もあるようです。この本で、より効率的な片づけ方や収納法をぜひマスターしてください。

6〜10個の人

近ごろ、部屋が散らかりがちで悩んでいませんか？　本来あなたは片づけられる人なので、モノを減らす方法や生活パターンに合った収納法をマスターすれば、スッキリ暮らせるはずです。

11個以上の人

あなたは「片づけられない人」かもしれません。このまま放置しておくと、そのうちゴミ屋敷になってしまうかも!?　この本を手にしたのをきっかけに、苦手な片づけにトライして、きれいな部屋と新しい生活を手に入れましょう。

POINT

「時間がない」「面倒くさい」などで片づけに挫折してきたズボラさん。これからは、「ラクチンに」片づけをしよう。

3章

これなら誰でも続けられる！

片づけられない人のための新「片づけルール」

片づけに挫折してきたズボラさんに贈る、
ラクで楽しい3つの片づけルール。

ラクに楽しく確実に部屋が片づく3つのルール

片づけは、ズボラなままでラクにやろう

ここまで読むと、あなたは片づけのズボラさんで、あなたが何度片づけに挑戦してもうまくいかなかった理由がわかったのではないでしょうか。

それは、今まであなたがしてきた片づけが、「自分のライフスタイルや思考・行動パターンに合っていなかった」からです。片づけにはできるだけ時間も手間もかけたくない。なのに、片づけを一大事《いちだいじ》ととらえ「時間をとって、全力で」やらないと、などと思うと、ますますやるのがおっくうになる。

ならば、片づけを「ズボラなままでラクにやる」ことにすればいいのです。

3つのルールで片づけがラクに楽しくなる

ズボラさんのための、やる気が続き、コツコツ行える、ラクチンな3つの片

処分と収納

片づけを大まかに分けると、モノの処分と収納になります。処分とは、不要なモノを手放すこと。「処分」をして、次に「収納」という手順を踏まないと、片づけはうまくいきません。

づけのコツをご紹介します。この片づけルールを実践していけば、小さな片づけが習慣になっていきます。

寝る前にスマホを充電するのが日課になっている人も多いでしょうが、こんな風に片づけが毎日の生活のなかに当たり前のように組み込まれ、意識しなくてもできるようになっていきます。

3つのコツは、次のとおりです。

1 片づけの流れを覚える

2 理想の部屋をイメージする

3 毎日できるズボラ&ラクチンの片づけ方を覚える

これからは、あなたのライフスタイルに合わせて、ラクな片づけを目指しましょう。

挫折しないコツ

家を1日や2日でキレイにするのは無理。なんの計画性もなく、いろんな場所を中途半端に片づけていくと、結局挫折してしまいます。流れに沿って片づけをするのは、一度にがんばりすぎず、長く続けるためでもあります。

POINT

毎日の暮らしのなかで、ズボラ&ラクチンで、楽しみながらできる片づけの方法を覚えよう。

ルール 1

一番ラクに早く結果が出る「片づけの流れ」を覚えよう

「どこからどうやって片づけたらいいかわからない」を解消する3つの手順

「よし片づけるぞ！」と汚い部屋からの脱出を決意したのはいいけれど、「散らかりすぎていて、どこから手をつけていいかわからない」と一瞬でやる気がうせたり、「せっかくスペースを作ったのに、モノが多すぎて収納しきれない」と、途中で壁にブチ当たってしまった経験のある人も多いのでは？

片づけはやみくもに手をつけてはダメ。順番や方法を間違えると、時間ばかりかかってキレイにならない、むしろ始める前よりも散らかってしまった……ということになってしまいます。

では、どうやったらいいのでしょうか。

少ない労力と時間で片づけをして、しかも片づいた部屋をキープしやすくする「片づけの流れ」があります。片づけの流れは、次の3つの手順で行います。

まずはこれを頭に入れましょう。

【手順1 モノを処分する】

モノが少ないと、片づけがグッとラクになるというのは、すぐ想像がつきますよね。部屋にあるモノをしまったり整理したりする前に、不要なモノの処分を。

ただし、ここでいう「処分」とは、とにかくモノを捨てなさい、ということではありません。**自分の価値観やライフスタイルに合わせて、本当に必要なモノだけを厳選し、不要なモノを家の外に出すことです**（↓第4章へ）。

「処分」をやり切ろう

モノを処分していくと、収納場所に空きスペースができ、そこに別のモノを入れてしまいがちです。でも、処分の途中で「収納」を始めてしまうと収拾がつかなくなることがあります。1つの場所の不用品をすべて処分してから次のステップに移りましょう。

【手順2 定位置と収納の方法を決める】

手順1で、部屋にあるモノがぐんと減り、スペースにも余裕ができました。でも、置き場所が決まらなければ、いつまで経っても部屋は片づきません。

残った大切なモノたちの定位置を、決めていきましょう。

定位置が決まったら、次はどう収納するか、です。片づけ下手さんの収納の合言葉は「ラクチン&シンプル」。**とにかく簡単ですぐに片づけられる「入れ物」と「入れ方」を覚えましょう**（↓第5章・第6章へ）。

【手順3 片づけた部屋をキープする】

手順1と手順2で、スッキリ片づいた部屋を実現できました。大切なのはこの状態をキープすること。**そのためには、①出したら定位置に戻す、②モノを増やさない、の2点を守ることが大切です**（↓第7章へ）。

この3つの手順に沿って片づけが成功すると、自分の考え方までスッキリしてくるから不思議。どの手順でも、片づけがストレスにならないよう、ズボラ&ラクチンワザをフル活用しましょう。

最初は狭いところで試してみる

「片づけの流れはわかったけれど、どこから手をつければいいのかわからない……」。そんな人は、玄関や水回りなど、狭くて置くモノが限られている場所から試してみましょう。「引き出し1つ分」からでもかまいません。時間もさほどかからず、片づけた状態をキープするのも難しくないはずです。

POINT

片づけは、①モノを処分→②定位置と収納の方法を決める→③片づけた部屋をキープ、の順番で！

ルール 2

一瞬でやる気に火がつく 住みたい理想の部屋をイメージしよう

「部屋でどう過ごしたいのか」を先に考える

「片づけ」は日々の暮らしを快適にするための手段で、目的ではありません。「片づけ」の先にある本当の目的が見えていないと、ズボラさんのモチベーションは続きません。

そこで提案。**片づけを始める前に、Ｐ39のチェックシートも活用して、まずは住みたい理想の部屋を思い浮かべてみてください。**現状プラスαでイメージをふくらませてみましょう。あなたはどんな暮らしをしたらハッピーでしょうか。それにふさわしい部屋はどんな感じでしょうか。

「週末に気軽に友人を呼んでパーティーを楽しめる部屋にしたい」
「スッキリした環境で資格の勉強に打ち込みたい」
などと、ハッピーな暮らしの具体的なイメージが浮かび、なんだかワクワク

なぜ「理想の部屋」を具体的にイメージするの？

人間は、見たことのないもの、経験したことのないことをイメージしづらく、イメージができても鮮明でなければ実現させにくい。だから、「理想の部屋」のイメージは、具体的であればあるほど◯。『理想の部屋』のビジュアルを毎日眺めるだけでやる気をキープできる」。これは、潜在意識を味方につけた、科学的にも裏付けのある夢実現のテクなのです。

してきたらしめたもの。

「片づけること＝自分の夢をかなえること」なのですから、モチベーションは確実にアップします。片づけに飽きたり、投げ出したくなったときも、自分の描いた理想の部屋のイメージに立ち返れば、またやる気が出てくるはずです。

理想の部屋をビジュアル化する

漠然とでも「こうだったらいいなあ」という「理想の部屋」のイメージをつかんだら、さっそくビジュアル化していきましょう。

雑誌やネットなどで、**憧れの部屋や気に入った収納方法が見つかったら、それを切り抜いたりプリントアウトしたりして部屋のなかの目につくところに貼りましょう。**

「自分が暮らしたい部屋」のビジュアルを毎日眺める、ただそれだけのことで、

ビジュアル化の具体例

雑誌やネットで探すほか、スマホのカメラで写真を撮るのもおすすめです。雑貨店やカフェのディスプレイが気に入ったらパチリ。ホテルに泊まったとき、インテリアがステキだったらパチリ。これもプリントアウトして、部屋に貼っておきましょう。

いつも理想の部屋のイメージを意識することができ、自然に片づけへのやる気をキープし続けることができるのです。

【理想の部屋をイメージするためのチェックシート】

○部屋にいるとき、一番幸せを感じるのは何をしているとき？
○部屋に一番招きたい人は誰？ その人とどんなことをして過ごしたい？
○趣味はある？ 部屋のなかにそれを楽しむスペースがほしい？
○打ち込みたいことはある？ 部屋のなかに集中できるスペースがほしい？
○部屋にお気に入りの家具・雑貨はある？

POINT

理想の部屋をイメージできれば、片づけのモチベーションがアップする！

ルール3

毎日少しずつ楽しみながらできる ズボラ&ラクチンに片づく方法を覚えよう

大・中・小の目標を設定して毎日楽しみながら片づける

「夢を実現するには、夢に期限をつけることが大切」と言われます。片づけだってそう。片づけの流れを理解して、理想の部屋を具体的にイメージできるようになったら、**いつまでに何を実行するか期限を決めて、片づけのスケジュールを立ててみましょう。**

まずは一番大きな目標の日付を決めましょう。ルール2で決めた、「理想の部屋での暮らし」をスタートさせる日付を決めて、スケジュール帳に書き込みましょう。

次に決めるのは中目標です。1週間単位で、片づける範囲や部屋を決めてみます。そして最後に小目標を考えます。小目標は、できるだけ具体的に、15分単位で取りかかれそうなものにするのがコツ。平日は1日15分×1セット、週末で1日15分×4セットというように、自分のライフスタイルと気分に合わせてムリなくできることをピックアップしていけばＯＫです。

片づけを続けるコツ❶

成果がわかるほうが、片づけのモチベーションを保ち続けられます。成果がわかりやすいよう、1か所を片づけたら、次は今済ませた場所の隣り合わせになるところを片づけて、キレイにした場所がすぐにわかるように増やしていきましょう。

部屋をスッキリ片づけるための期限を決めよう

◉中目標

- 「4月10日～16日は玄関（の片づけ）、17日～23日は洗面所」など、1週間単位くらいで片づけをする場所を決めていく。
- 狭い場所から始め、慣れてきたらだんだん広い場所へと片づける範囲を広げていく。

◉小目標

- 15分を1セットとして考えて、具体的な片づけ作業を計画する。たとえば、「テレビボードの引き出しの中の不用品を処分 15分×2セット」など。
- 平日なら15分×1～2セット、週末で15分×2～8セットなど、ライフスタイルに合わせて作業を決める。
- コツをつかむと、15分でいろいろな片づけができる。15分で終わらなかったら翌日に回していいし、気分が乗ればそのまま続けてもOK。

◉大目標

- 「友人を部屋に呼んでパーティーを開く」「資格試験の勉強をスタートさせる」など、部屋を片づけて理想の暮らしをスタートさせる日付を決める。
- 余裕をもって3か月後くらいに設定するのがおすすめ。
- 「うちに来て」と相手に声をかける日付など、具体的な行動予定も書き込んでおく。

「とりあえず」「ついで」でOK

さらに工夫したいのが、**片づけをふだんの生活のなかに組み込むこと。**毎日「わざわざ」時間を取って片づけをするのではなく、「とりあえず」「ついでに」、気負わず片づけられるようにしましょう。

たとえば、収納箱の整理は、収納箱やゴミ袋を近くに置いて、「とりあえず」テレビを見ながら、収納箱から不用品をより分けるぐらいの気楽さで行えばいいのです。また、隣の部屋から持ち出してきたモノを、部屋を移動するときに「ついでに」戻しておく、とか。そんな工夫だけで、散らかっていた部屋が、片づいていくはずです。

片づけが面倒くさくなる「ついで」と「とりあえず」の魔法、ぜひ試してみてください。

片づけを続けるコツ❷

片づけが一区切りつくたびに、ゲットできるごほうびを決めておくのもいいでしょう。「30分片づけをしたらお茶とケーキの時間に」「玄関の片づけが終わったら、そこに飾るかわいい雑貨を買う」など。

POINT

大・中・小の目標を立てよう。「とりあえず」「ついで」の積み重ねなら　わざわざ片づけの時間を作らなくてもOK！

4章

脱「捨てられない人」！

増えすぎたモノはこうして減らす

いる・いらないを判断する「5秒ルール」で
片づけ最大の敵、不用品の処分にトライ!

モノを減らす第1歩「いる」「いらない」の5秒ルール

「片づけが苦手な人」はモノを減らすことがマスト

いつも部屋がスッキリと片づいている人ほど、こんなことを言うものです。「私は片づけが苦手。だからこそ、モノを少なくしているの」。

確かに、モノが少なければ、片づけが驚くほどラクになります。わずかなモノを決まった置き場所に戻したり、収納するだけでいいからです。同じ作業でも、たくさんのモノがあれば、それだけ時間も手間もかかってしまいます。

それに、モノが少なければ、雑然とした印象を与えません。床にモノが無造作に置かれている場合、1～2個なら散らかっている印象はありませんが、10個もあったら「散らかり放題」に映ります。

「自分は片づけが苦手」と思っている人こそ、真っ先にモノを減らしていくことがマスト。避けて通れない道なのです。さあ、覚悟を決めましょう。

いらないモノがあるデメリット

いらないモノまでしまい込んでおくのは、①収納スペースのムダ、②いるモノが迷子になりやすく、探し物の時間が増える、③収納しているモノが把握できず、ダブり買いの原因となる、などのデメリットがあります。賃貸なら、不用品を置くスペースにも家賃を払っていることにも。

この章を読み進める前に、P62にあるチェックリストであなたの【モノが捨てられない度】をチェックしてみてください。

「いるモノ」「いらないモノ」「保留」を5秒で決める

モノを減らす作業は、まず、今持っているモノを「いる」か「いらない」かに分けることから始まります。しかし、言うは易《やす》し、行うは難《かた》しです。

本当にいるモノやいらないモノは、たいてい一瞬で判断がつくものです。たとえば、いつも使っていてこれからも使うモノは、明らかに「いるモノ」。期限切れのクーポンなどは「いらないモノ」です。

問題なのは、どちらか迷ってしまうモノです。でも、いちいち迷っていたら、仕分ける作業は永遠に終わりませ

部屋全体のモノを減らすのがポイント

部屋のなかから不用品を残らずあぶり出すために、目に見えて部屋を散らかしているモノだけでなく、収納スペース単位でくまなくチェックを。カラーボックスに放り込んでおいたモノ、引き出しに押し込んでいた洋服、クローゼットの奥にしまった大型のモノなども含めてすべて外に出して、「いる」「いらない」の判断をしていきましょう。

ん。

そこで有効なのが、「5秒ルール」。**「いる」「いらない」を5秒で決め、5秒で判断できないモノは「保留」にして、とりあえずまとめて保管しておくのです。**

「いる」「いらない」「保留」に仕分ける際は、混ざらないように、それぞれ箱や袋に入れていきます。「いる」に仕分けたモノは、とりあえず元の収納スペースに戻してもOK。「いらない」に仕分けたモノは、処分します。

時間と場所を決めて仕分ける

「いる」「いらない」の仕分けの量が多いと、うんざりして挫折することがあります。「1日10分仕分け作業をする」「きょうは引き出し一段分の中身を仕分ける」というように、負担の少ない時間や範囲を決めて続けていきましょう。

POINT

モノを減らさない限り、快適な部屋は作れない。「いる」「いらない」「保留」を5秒で即決して、さくさくと進めよう。

それ、本当に「いるモノ」ですか？

使わないことこそ「もったいない」

「いる」「いらない」の判断をする際に、もう使っていないのに「もったいない」というだけで、「いるモノ」や「保留」に分類することも多いでしょう。たとえば、口紅、アイシャドウなど使いかけの化粧品。もう使っていない家電や健康器具、台所用品。いただきもののタオルや食器。流行遅れの服や靴、バッグ、アクセサリー。通販で買った便利グッズなど。「高かったからもったいない」「まだ使えるからもったいない」と思ってしまいますよね。

でも、よく考えてみてください。

使っていない、使い切らなかったのには、それなりの理由があるはず。使い飽きた、好みが変わった、家族構成が変わったなどです。その理由がこれから

仕分けのポイント

「いる」「いらない」を、「使うか」「使わないか」に置き換えてもOK。これまで使わず、これからも「使わない」と思うモノは、迷わず「いらないモノ」に仕分けましょう。

も続くのなら、この際、もったいなくてもきっぱりと見切って処分するのが賢明と考えましょう。

モノは使ってこそ価値を発揮するもの。押し入れや食器棚のなかで使わないまま何年も死蔵しておくことのほうが「もったいない」のでは？

収納スペースに余裕があるならまだしも、モノの収納に困っている状況なら、使わないモノがその貴重なスペースを占領しているのは、それこそ「もったいない」話です。

「いつか使うかも」の「いつか」なんてこない

そうは言っても、まだ使えるモノや新品同然のモノの処分は、なかなか決断できないもの。つい、「いつか使うかも」と思ってしまうからです。

リユースするという処分もある

捨てるだけが処分の仕方ではありません。人に譲ったり、フリマサイトやリサイクルショップで売るという手段もあります。人に使ってもらったり、少額でも換金するなどでリユースすれば「もったいない」と思う気持ちもやわらぎます。

サイズの合わなくなった服は「いつかダイエットに成功したら、着るかもしれない」、便利グッズは「いつか必要になるかもしれない」、いただきものの趣味が合わない食器も「いつか気に入るかもしれない」といった具合です。

でも、その「いつか」は本当にくるのでしょうか?

「いつか使うかも」と考え出したら、何も処分できなくなります。そもそも、ずっと使わないままきょうまできたのです。つまり、使わなくてもなんの不自由もなかったということ。ここで「いるモノ」や「保留」に仕分けても、また使わないままにしまい込んでしまうのがオチ。

そうです。「いつか」なんて、永遠にこない可能性のほうが高いのです。

「いつか使うかもしれない」と迷ったものは、潔《いさぎよ》く「いらないモノ」に仕分けることをおすすめします。

「何かに使えるかも」も要注意

空き箱、空き缶、紙袋、包装紙、リボン、使い古しのタオルなどを「何かに使えるかもしれない」と取っておいても、意外と使わないもの。

用途がはっきりしているモノ以外は、「決めた量を超えたり、一定期間経ったら古いものから資源ゴミに出す」など処分するルールを決めておきましょう。

POINT

「もったいない」「いつか何かに使えるかも」と思っても、潔く「いらないモノ」として処分しよう!

「保留」のモノを見切る3つのコツ

「保留」を再チェックするときのポイント

「保留」に分類したモノをいつまでも放置しておくと、再び「使わない・いらないかもしれないのに取っておく＝死蔵品」になってしまいます。**「モノを減らす」を達成するには、「保留」のモノを再チェックする必要があります。**

再チェックのコツは、「期間」「量」「小さいモノ」です。

コツ1　「期間」をあけて再チェック

「保留」のモノは、半年後、1年後などの期限を決めて、再び「いる」「いらない」のジャッジをします。 しばらく間を置いてから見直すと、案外心の整理もついていて、「いらない」とサヨナラできるものです。

一定の期間を置いてもまだ迷うモノは、無理に処分する必要はありません。

「保留」に仕分けるときの注意点

「保留」はためすぎないように。「保留」が増えると、再ジャッジのときに時間がかかって結局二度手間になります。「保留」を入れる袋は2つまで、などと決めましょう。

再び「保留」に戻しましょう。また期間をあけて、再判定すればいいのです。

「いる」「いらない」判定は、実は、自分にとって何が大切なのかを再確認する機会でもあります。モノをため込んでいただけのときには気づかなくても、モノに向き合い「いる」「いらない」を考えることで、自分の価値観とも向き合っているのです。

コツ2「量」で見切る

「保留」のモノを、量で見切る方法もあります。**ハンカチは引き出し一段分、服はクローゼットに入るだけ、などと収納スペースを決めて、そこに入り切らない量は処分します。**

この方法を割と簡単に使えるのが、紙袋、包装紙、割り箸など。下着、靴下、ハンカチなどの場合は、古いモノから処分するといいでしょう。服、靴、バッグ類は愛着がある分、見切るのが難しくなります。すぐには見切れない場合は、古いモノ、最近使っていないモノを「保留」に仕分け、「期間」が経ってから再チェックしましょう。

コツ3「小さいモノ」から見切る

使っていないモノでもコート、鍋、フィットネス器具などの大物を処分するには、かなりの思い切りが要求されます。

そんなときは、小さなモノから処分する練習をしましょう。服なら下着や靴下、キッチン用品なら箸やカトラリー類、小皿などです。小さなモノでも「モノを処分するとスッキリする」ということを脳にインプットして慣らしてから、大物にトライしていけばいいのです。

POINT

「保留」にしたモノは「期間」をあけて再ジャッジ。「思い切り」のほかに「量」「大きさ」の視点を入れよう。

放っておくと増え続けるモノたちの処分法

増えていくモノの処分ルールを決める

放っておくと、モノはじわじわと増えていきます。自分で買ったモノ以外にも、ネット通販で届いたモノの梱包材、ポストに入れられるチラシ、ＤＭ（ダイレクトメール）など、自分の意思とは関係なく増えていくモノもあります。モノを捨てる一方で、入ってくるモノが増えていっては、片づけがはかどりません。ここは、処分ルールを決めてモノの増殖にストップをかけましょう。

特に、いるか、いらないかを「その場で」判断できるものは、すぐに判断して整理していきましょう。

郵便物、紙類は「その場で」判断

ポストから取ってきた郵便物は、開封して「その場でチェック」を。ざっと

賞味期限切れの調味料をどう処分？

つい捨てそびれてしまうのが、ドレッシングやめんつゆなどの調味料。使い切れないまま賞味期限が切れることもあるでしょう。中身が残っていると、処分が面倒なので、冷蔵庫の奥で死蔵品にもなりがちです。1〜2週間に一度、庫内を点検する日を決めてがんばって整理しましょう。

DM、チラシ、カタログ、パンフレットで
関心がないモノ

その場で処分

請求書、領収書、カードの利用明細書

約１～２か月間保管

目を通して、要・不要を判断します。チラシやカタログも、その場で見て関心がなければゴミ箱へ。

ただし、名前・住所・電話番号・銀行口座など、個人情報が記載されているところは慎重に処分を。できればシュレッダーにかけましょう。

取っておくと判断したもののうち、支払いや返信が必要なものは、ピンナップボードなど目につく場所に保管します。

その他は置き場所や保留期間を決めて保管。「保留」と判断したものは、「保留」の入れ物に入れ、時間のあるときに再チェックします。

もらわない・ため込まない

モノを増やさないために、お弁当や惣菜などについてくる割り箸や調味料、化粧品の試供品などは、「使わない」と判断したらその場で捨てましょう。そもそも、受け取らないようにしたいもの。モノを増やさないコツは第7章も参考に。

本や雑誌は「量」と「古さ」で見切る

本を買ったけど、もう本棚がいっぱいで入らない……、というケースは多いのではないでしょうか。

本や雑誌は、「量」で見切ります。本棚やカラーボックスなど収納場所を決めたら、新しい本や雑誌を買ったときに、そこからはみ出す分を処分します。処分する優先順位を決めるには、「情報の古さ」も基準にしましょう。特に雑誌に載っている情報は鮮度が命。古い情報が役に立つことはほぼないので、処分がおすすめです。

本や雑誌を処分する順番は？

本や雑誌は、明らかに不要なモノから処分すること。使用済みの資格試験テキスト本、1回読めば十分の流行本、愛着のない本、昔のガイドブック、たまってしまったフリーペーパーなど。次に、流行に左右される内容の雑誌、暇つぶしに買ってしまった雑誌、二度と読み返さないと思われる書籍などを優先的に処分しましょう。

POINT

じわじわ増えていくモノには、「入ってきたその場で判断」が最強。「量」「古さ」も判断の基準に加えよう。

なかなか処分できないモノたちはこう見切る

懐かしい「思い出」のモノを思い切るコツ

収納スペースをとるだけなのに、なかなか処分することができないのは手紙やハガキ、日記などの思い出の品。読み返すと懐かしさがあふれてきます。**その思い出を取っておきたいなら、大切に保管しましょう。でも収納場所に困るようなら、「古いモノから処分する」「社会人になってからのモノは捨てる」「5年経ったら処分する」などのルールを決めて、少しずつ処分することを考えましょう。**

そもそも、手紙、日記や手帳のようなプライベートのモノは、いつかは自分で処分しなければならない運命にあるもの。その時期が早いか遅いかだけの問題だと思えば、踏ん切りがつくかもしれません。

毎年決まった人と交換する年賀状は、「住所録用に1年保管したら処分する」

というように、量が増えない処分方法を決めておくといいでしょう。

録画したDVDの処分方法

昔録画したテレビ番組なども、捨てられないものです。でも、どのＤＶＤに何が録画されているかわからなくなっているような場合、果たしてそれらをチェックする時間があるかどうかを冷静に考えてみましょう。**見る可能性が極めて低ければ、この際思い切って処分しましょう。**

今は、ネットで映画やドラマの配信サービスを手軽に利用できます。部屋にあるものと同じ番組やＤＶＤを、ネットで見ることができるのなら、わざわざ取っておく必要はないのかも。そんなことも頭に入れて判断しましょう。

見る気がないなら処分

再生機は処分してしまったのに、ビデオテープやカセットテープを保管している場合は、業者に依頼するなどして再生可能な記録媒体にダビングすること。それが面倒だと思うなら、これからも見る気がないということです。処分を考えましょう。

なかなか処分できないモノたちの見切り方

●写真・フィルム・データ

今は、プリント写真から焼き増しができる。フィルムは破棄して◎。写真は、残す場合も、データからプリントアウトする場合もベストショットを厳選して、ファイルする写真の枚数を減らす。

●ぬいぐるみ・人形

今も大事にしているものは、これからも大切に。押し入れに入れっぱなし、出しっぱなしでホコリをかぶっているモノなどを処分の対象にしよう。

●引き出物の食器

一度も使っていない食器は、潔く手放して。

POINT

思い入れのあるモノの処分は、思い切りも大事。見切り方のコツを知って判断しよう。

●旅行時のパンフレットなど

大切にしたいなら、ファイルケースなどに入れて保存。そうでないならその場で処分するのが一番だが、決断できないときは「保留」に。

●壊れた家電・使っていない家電

壊れた家電はすぐ修理に出すこと。その気になれないなら、廃棄しよう。使っていない家電は、これからもたぶん使わない。リサイクルに回すなどして処分を。

モノを処分したら、いざ、収納にチャレンジ！

不用品は片づけのじゃまをする

片づけは二段階で行います。まずは、使わないモノ＝不用品の処分から。実行していくと、私たちが、いかにたくさんの不用品をため込んでいるかがわかると思います。

不用品の収納に頭を悩ませたり、不用品収納のために収納ケースを買い足したり、増殖した不用品が必要なモノの片づけのじゃまをしたり……と、ムダなことに時間と労力とお金を費やしているのです。そんな状況から抜け出すには、不用品＝じゃまモノを処分して減らすしかありません。

ここからが片づけの本番！　収納にチャレンジ

なんとか不用品を処分して身軽になったら、いざ、片づけの本番・収納にチ

ヤレンジです。

これまで、クローゼット、収納棚、クローゼットなどの奥に押しやられ、見えなかったモノの存在もわかり、自分が何を所有しているか、そして、その量が把握できるはずです。それらを、どこに、どのように収めていくか。その作業が収納です。

さあ、いらないモノがなくなった今、自分にとって必要なモノ、大切なモノだけを片づけていきましょう。

POINT

部屋が必要なモノ、大切なモノだけになったらステップアップ。片づけの本番・収納にトライ!

【あなたの「モノが捨てられない度」チェックテスト】

あなたの家にこんなものはありませんか？　当てはまるものをチェックしてください。

□ 3年以上着ていない服

□ ドライヤー、DVDプレーヤーなどの壊れた家電

□ 使いかけでそのままになっているヘアワックスや化粧品

□ インクの出ないペンが5本以上

□ 道でもらったポケットティッシュが5個以上

□ 再生機がないため見ることができないビデオテープ

□ 今は聴かないCD

□ 雑誌の付録の雑貨やCD

□ 使っていない電化製品やパソコンなどの説明書

- □ 1年以上前に買ったお守り
- □ 用途が不明の電気コード（昔使っていた電化製品の電源コードなど）
- □ 持ち帰ったホテルのアメニティグッズが3点以上
- □ 化粧品などの試供品が3つ以上
- □ 使いかけのままのマニキュア、アイシャドウなど5個以上
- □ ビニール傘3本以上
- □ 納豆やお弁当についていたしょうゆ、からしなどの調味料
- □ 服用期限が切れている薬
- □ お弁当などについていた割り箸3膳以上
- □ 愛着もない流行の本や雑誌
- □ ポストから持ち帰ったままのDMやチラシ

【チェック結果診断】

使えないモノ、今は使っていないモノ、あるいは使えるモノでも必要以上の量を持っている人は「捨てられない度」が高い人です。あなたは、いくつ当てはまりましたか？

0〜5個の人

あなたは、モノを捨てられる人です。「これは使わない」と思ったら、その場で捨てることができたり、定期的にモノをチェックして不用品を処分する習慣が身についているはず。４章をチェックして、より一層、身軽になりましょう。

6〜10個の人

捨てられる人と捨てられない人の境目にいます。ちょっと油断すると、モノが増えてしまいがちです。もともとは捨てられる素質を持っているので、４章を読んで、しっかり捨てられる人になりましょう。

11個以上の人

残念ながら、あなたは捨てられない人です。「いつか、何かに使うかもしれない」「今、処分するのは面倒くさい」と、なんでもかんでもとりあえず取っておきがち。家の中には不用品がたまっているのでは？　この本と巡り合ったのを機会に、捨てられる人に変身しましょう。

5章

片づけられない人のための

「ラクチン&シンプル」収納ルール

「住所」 がないから片づかない !?
置き場所を作って散らかりを解消する!

手順1　モノの定位置決め！

最初は大ざっぱでOK！モノの「住所」を決めよう

あなたの部屋のモノたちは住所不定⁉ まずは住所を決めてあげよう

知らないうちに部屋が散らかってしまう最大の原因を知っていますか？　それは、**モノの定位置が決まっていないからです。**

試しに、床に置きっぱなしにしている小物類を、しまってみましょう。しまう場所がすぐに思い浮かびますか？　もし思い浮かんだとしても、それは「いつもの決まった場所」ですか？　とりあえず移動するだけではないですか？　そうだとすれば、次に使うとき、しまった場所を忘れて、探せないかもしれませんよ。

モノを探しにくい「置きっぱなし」と「とりあえず移動」には、「モノの定位置がない」という共通点があります。片づけの最初の手順として、家のなか

定位置決めは片づけの最初のステップ

ちゃんと片づけているつもりなのになぜか雑然としてしまう、という人は、モノの定位置が決まっていないことがほとんど。とりあえずじゃまにならない場所にポンと置いたり、手近な引き出しに放り込んだだけで、片づけた気になってはいませんか。これを無意識にやっているとしたら、置きっぱなしより始末が悪いかもしれません。

「とりあえずここに収納する」といい加減に考えるのではなく、一つひとつのモ

のすべてのモノが戻る場所を明確に決めておくことがとても重要です。**一つひとつのモノの定位置＝「住所」を決めることから、さっそく始めましょう。**

使った場所の近くに「戻す場所」があればさっと戻せる

「モノはできるだけ使う場所の近くに置く」のが鉄則です。

そうすれば、モノを使ったり戻したりするために、あまり動かなくてすみます。片づけは、とてもラクチンになります。

それなのに、自分がラクできない場所にうっかりモノの「住所」を決めてはいませんか？

たとえば、ベッドに寝転がって雑誌を眺めるのが至福のとき、という人がいたとします。でも、雑誌をしまう場所と決めたのは、ベッドから遠いソファ横の本棚。雑誌を読み終わるたびに

ノの定位置を決めてから片づけに取りかかりましょう。

定位置を決めるとモノが増えないメリットも

モノの定位置を決めると、「そこからはみ出した分は処分する」という発想ができるようになります。機械的にモノを処分できるようになると、片づけがずっとラクになります。

数歩歩いて本棚に戻す、なんて面倒です。となると、雑誌は、ベッドか床の上に置きっぱなしの状態に。もし、ベッドのすぐ横を雑誌の「住所」に決め、マガジンラックで置き場所を作れば、こんなことにはならないのに……。

ズボラを極めれば、理想的なモノの「住所」が見えてくる

固定観念にとらわれず、本当にしっくりとくる、モノの「住所」を見つけましょう。たとえば、料理本を見ながらよく料理をするなら、キッチンの片隅に料理本スペースを作りましょう。本は本棚にしまう、という常識はこの際無視します。これなら、わざわざ別の部屋の本棚まで行く手間が省けます。

自称ズボラなあなたなら、**「これがどこにあったら自分が一番ラクできるか」をとことん追求しましょう。**それこそが、モノの理想的な「住所」を決める近道だからです。

「不便」をつぶしていこう

「イスに座った状態で手に届くところにあればいいのに」「毎日使うものなのに、引き出しを開け切らないとしまえない」といった、ふだん感じている小さな「不便」を思い出してみましょう。それを一つひとつつぶしていくことが、最適な住所決めにつながります。

POINT

片づけはモノの「定位置＝住所」を決めることからスタート！どこに置けばラクができるのかを考えよう。

手順1 モノの定位置決め！

ふだんよく使うモノには「一等地」を用意する

使う頻度でランクづけして置き場所を決める

使う場所の近くに置く、というのがモノの「住所」を決めるときの鉄則ですが、その「住所」にもランクがあります。

しゃがんだり、手を思い切り伸ばさなくてもモノが取れる場所。そこが、モノを、もっともラクに取り出しやすく、片づけやすい「一等地」にランクづけされるところです。毎日のようにひんぱんに使うモノの「住所」には、ぜひこの場所を確保してください。

ふだんから大活躍しているモノたちが不便な場所に押しやられていたら、「一等地」に引っ越しさせましょう。**反対に、あまり出番のないモノを「一等地」に置いていたら、「二等地」「三等地」または「番外地」に移動します。**

部屋の「一等地」に置くモノを厳選する。これだけでも、暮らしの快適さは格段にアップします。

同じグループの住所の決め方

同じグループのモノでも、使用頻度でエリアを分けましょう。たとえば、本でも、よく手に取るお気に入りは「一等地」に、読まないけど処分できない冬眠本は「番外地」に。毎日使う食器は、食器棚の取り出しやすくしまいやすい「一等地」に、といったようにです。

POINT

ふだんよく使うモノには「一等地」を用意。
ほとんど使わないモノは押し入れの天袋などの「番外地」に。

使うランク別に置き場所を決める

一等地

棚や引き出しなら、目線を上限、手を下ろしたときの指先を下限にした範囲が一番モノを出し入れするのがラクな「一等地」。

⬇

毎日のようにひんぱんに使うモノの住所にする

三等地

手を伸ばしても届かない高い場所

⬇

１か月～半年程度の時々使うモノの住所にする

二等地

手を伸ばしたり、かがんだりしないと出し入れできない場所。

⬇

週に１回など時々使うモノの住所にする

番外地

押し入れの天袋など

⬇

キレイなお菓子の缶など、出番はなさそうだけれど捨てるにはしのびないというモノ

手順2 入れ物と入れ方を考える

ゆったり&ざっくり収納が実現する「入れ物」と「入れ方」

ゆったりタイプの「入れ物」ならストレスなし

モノが戻るべき「住所」が決まったら、次はさらに具体的に「どんな入れ物」に「どうやって片づけるか」を考え、実践していきます。

これがいわゆる「収納」という作業です。

ところで、「収納」＝「きっちり間取りを仕切って、きちんとモノを並べる」というイメージ、ありませんか？　このイメージだけで、ズボラさんは収納を敬遠したくなります。でも、そんな収納は見た目はキレイでも、ずっとキープするのにものすごいエネルギーが必要で、ズボラさんには向きません。

片づけ下手さんにとって一番いいのは、「シンプル&ラクチン」だということ。

それには、探しにくく取り出しにくいぎゅうぎゅう詰めではなく、**なかでモノを動かせるくらいのゆとりを持たせた7割収納を厳守するのがコツ。出したり**

ゆったり収納がおすすめな理由

ゆったりと収納したほうが、すき間なく詰め込むより、モノを見つけやすく、取り出しやすく、しまいやすい、というメリットがあります。入れ物には、3割くらい空いたスペースを確保する7割収納がベスト。しまうモノの量や大きさを見て、入れ物を決めましょう。

入れたりがとにかくラクチンです。

並べずにざっくりと入れても、ゆとりがあるので、入っているモノがひと目でわかります。そんなゆったりタイプの「入れ物」を用意しましょう。

ちょっとくらいお行儀が悪くても、ストレスのない収納が一番！　です。

モノを出し入れするときの動作の数は1〜2回がベスト

できるだけ少ない手間でモノを出し入れできたほうが、ラクに決まっています。**「入れ方」を考えるときは、必ず「出し入れがしやすいか」を最優先にチェックしましょう。**

たとえば、爪切りを使いたいとき、①リビングボードの引き出しを開けて、②そのなかに入っている小物入れを外に出し、③ふたを開けて、④爪切りを取り出す、なんていう収納だったらどうでしょう。そのたびに4回の動作を経ないと取り出せないし、しまえない。ついつい出し入れがおっくうになり、結局そこらへんに出しっぱなし、ということになります。

でも、爪切りの入れ物をリビングボードの上のカゴに変えたら、しまうときはポンと放り込むだけ。取り出すときも、ササッとさぐるだけ。それぞれ1回の動作ですむからラクチンです。引き出しにそのまま入れたとしても、①引き出しを開ける、②なかから出す、という2回の動作でOK。これならズボラさんでも片づけるのが苦になりません。

すべてのモノはムリとしても、日常的に使うモノには1～2回の動作ですむ収納がベストです。「どこに置いたら便利か」「少ない数の動作で取り出すにはどうしたらいいか」を考えてベストポジションを見つけましょう。

片づけたモノがすぐに見つかるラベリング

「どこに何を入れたのか忘れた」ということは、よくありがち。そこでおすすめなのがラベリング。「筆記用具」とか「お金・支払い関係」といった大ざっぱな区分でいいので、ラベルにささっと手書きして入れ物に貼っておきましょう。

POINT

1～2回の動作でモノの出し入れができる「入れ物」と「入れ方」を考えよう。

手順2 入れ物と入れ方を考える

シンプル&ラクチンな収納には「カゴ」が必須

なんでも放り込めるカゴはズボラ収納に最適！

「シンプル&ラクチン」の強い味方になってくれる収納グッズといえば、「カゴ」です。値段がお手頃なのもうれしいもの。

「カゴ」の一番の魅力は、仕切りがなくゆったりしているので、とにかくなんでもポンポン放り込めること。たった1回の動作で収納が完了するのです。

おしゃれなカゴを使った「放り込み収納」なら、**なかは多少ごちゃついていても、外見はスッキリ片づいているように見えます。**

カゴならじか置きOK 引き出しにすれば奥のモノもラクに取り出せる

カゴは、床にじか置きしてもインテリアにもなってしまうところが便利。

また、棚に並べれば、棚の奥を有効活用できる引き出しとして大活躍します。カゴを引き出すだけで、奥にあるモノを取り出すことができるようになるのです。

場所や用途に応じて入れ物を選んで

フタ付きボックスやトレイも、カゴと同じように使えます。入れるモノと場所に合わせて使い分けましょう。

カゴの種類、使い方はいろいろ

籐や竹など、自然素材でできたカゴ

ナチュラルな素材は落ち着いた雰囲気を醸し出してくれます。目のつくところに置いてあっても雑然としません。

金属製のカゴ

清潔感があり、掃除もラクなので、洗面所など水回りで重宝します。食器や食材などをまとめておくなど、キッチンでももちろん使えます。

ポリエチレン製などの素材のカゴ

水濡れに強く、汚れを落としやすいので、脱衣所に置くと便利。カラフルなシリーズだと、家族ごとに色や模様を決めて使うことができます。

ワイヤーバスケット

目の粗いワイヤーバスケットなら、中身が見やすく、通気性がよいので、ストック食品の保存に適しています。また、根菜などの野菜の保存にも使えます。

用途別や使うタイミング別にカゴにまとめるのがおすすめ

「用途や使うタイミングが同じもの」ごとにカゴを分けておくと、片づけるのも見つけるのもラクです。

用途別にパッキングされているものといえば、救急箱、裁縫箱、救急避難用袋などが思い浮かびますが、この発想をカゴの収納にも生かせばいいのです。

たとえば、お菓子作りが趣味なら、型や粉ふるいからお菓子専用のラッピング袋まで、すべての道具を1つのカゴに入れておきます。そうすれば、あっちこっちの引き出しや棚から、いちいち必要なモノを出す手間が省けます。

カゴにひとまとめにしておけば、それを手に自由に場所を移動できることも便利です。たとえば、資格試験の勉強をするノートや教科書をまとめた資格勉強カゴがあれば、その日の気分でリビング、寝室などいろんな場所でサッと広げて勉強し、パッと片づけることができます。

POINT

ポイポイ放り込めるカゴで「放り込み収納」を。ラクチンで見た目スッキリ、移動も便利な収納ができる。

手順2 入れ物と入れ方を考える

引き出しは「放り込み収納」に最適！

引き出しにはいちいち分けてモノを入れない

机や食器棚についている引き出し。細かく仕切って使わなきゃ、と思いがちですが、**ここはあえてカゴと同じように「放り込み収納」として使ってみましょう。**

たとえば筆記具。黒ペン、赤ペン、鉛筆など、色別・芯の種類別で分けている人もいますが、片づけるときにいちいち分けるのがわずらわしいと感じているなら、いっそのこと「筆記具の置き場所」として、ざっくり放り込んでしまいましょう。細かく分けなくても、意外と不便を感じないものです。

1目的1引き出しの放り込み収納ならラク

引き出しに入れるモノの分類は、きっちりと同じモノを集めるというよりも、**「いっしょにあったほうが便利で探しやすい」といった大まかな集め方でOKです。**

収納場所は家族がわかればOK

会社などで多数の人が共有するモノは、細かく分類整理する必要があります。一方、家では自分と、いっしょに暮らす家族が収納場所をわかっていれば十分。そう厳密に考える必要はありません。

POINT

引き出しをどんどん放り込める収納として利用。1目的＝1引き出しなら迷わず放り込める。

たとえば、一番上の引き出しは文房具類、二番目の引き出しは領収書や請求書、預金通帳などのお金に関する書類、三番目の引き出しは電気タップやコンセントプラグなどの電気関係グッズといった具合です。

細かすぎる分類で元に戻すことが苦痛になると、モノを出しっぱなしにしてしまうことに。面倒なだけで大して意味がない分類はやめ、**1目的1引き出しをルールに、どんどん放り込んでいきましょう。**

手順3 住所&収納法を再検討

使い勝手が悪ければがまんせずに「モノの引っ越し」を

使い勝手が悪いときは快適に使える場所に移動

「一度モノの住所を決めたら、そこに戻す」が原則です。でも実際のところ、その置き場所が本当にベストなのかは、実際にモノをそこに置いて使ってみなければわかりません。

もし、ちゃんと置き場所を決めたのにどうしても片づけられない、ということが何回も続けば、それは、その置き場所がふさわしくないという可能性があります。そんなときは、もっといい引っ越し先を考えましょう。

新しい「住所」にモノを置き、使い勝手はどうかを見る。快適ならば、そこをそのまま置き場所にすればいいし、もし使い勝手が悪ければまた違う場所に引っ越せばいい。

この試行錯誤を繰り返すことしか、理想の住所を見つける方法はありません。ここがベスト、という場所が見つかるまで、気軽に、気長にモノの置き場所を動かしてみましょう。

「いらないかも箱」は片づけの救世主

モノの住所を決めたり引っ越したりするときに、すでにその住所にどっかり居座っているモノがあることも。そのモノの使い方と住所がそぐわず、「じゃまかも?」と思ったら、とりあえずそんなモノの入れ物として「いらないかも箱」を用意。そこに放り込んでしまい、後で「いる」「いらない」を判断しましょう。

いろんな場所で使う「人気モノ」は あちこちに置き場所を用意

またよくあるのが、「1つのモノをいくつもの場所で使う」というケース。

たとえば、ボールペンとメモ帳。冷蔵庫をのぞいて買い物リストを作るときはキッチンで、留守中に家族に伝言メモを残すときはダイニングテーブルで、などいろいろな場所で使います。

はさみ、のりなどのこまごました文房具や、ガムテープなどの日用品、爪切りなどもそう。人とともにしょっちゅういろいろな場所へ動くモノだけに、すぐにどこかへ行方不明になり、イライラしながらあちこちを探したり、買い足したりするハメになっていませんか？

年中探し回らなければいけないモノがあって、しかも見つかる場所がさまざまだとしたら、そもそもそれは1つでは足りないモノ、または住所が1つでは足りないモノと考えてしまってもいいのかもしれません。

このようなあちこち飛び回る人気モノには、よく使う場所それぞれに置き場所を作りましょう。そのモノを使ったら、とりあえず使ったところに一番近い住所に置いておくのです。次もその場所で使うかもしれないし、別の場所で使うことになっても、いくつかの住所から探せばいいので手間は最小限です。

もし、第4章の「捨てる」ステップで、同じ人気モノがぞろぞろ出てきたらチャンス！　使う場所ごとにそれらの置き場所を作り、それぞれに1個ずつ置いておきましょう。

スマホやテレビのリモコンの住所の決め方

ちょい置きしがちで住所が定まりにくい代表選手といえば、スマホやテレビのリモコン。テーブルの上、ソファのサイドテーブルなど、よく使う場所の近く、数か所にカゴなどの入れ物を置き、必ずそのどこかに入れる習慣をつけましょう。

POINT

使い勝手が悪かったら置き場所の変更をまず考える。あちこちで使うモノだったらいくつかの置き場所を作る。

手順3 住所&収納法を再検討

本来の置き場所に戻すのが時間のムダになるときもある

一時的な居場所=避難所を必ず確保する

部屋中のモノについて、ベストの置き場所を決めることができたとしても、これでもう、部屋はいつもスッキリ、迷子になるモノはなし……というわけにはいきません。

脱いだ服をすぐにクローゼットにはしまわずにその辺にポンと掛けたり、読みかけの本をソファ横のサイドテーブルに置きっぱなしにしたり、とか、ありがちですよね。

また、外出先でもらったモノや宅配便やDMなど、置き場所を決めていないモノたちが、突然部屋にやってくることもあります。

そんなモノたちを速攻で片づけられればいいのですが、すぐには時間が取れなかったりして置きっぱなしにしてしまうことも多いはずです。そんなときに「また散らかった〜」「戻してもキリがない」とイライラするのは体に毒。

避難所は出しっぱなし収納でもOK

避難所は、カゴに放り込む収納ではなく、出しっぱなし収納でもいい。ひっ掛けられるタイプのフックを利用した「ちょい掛け・吊るしワザ」収納（P88）もおすすめです。

それよりも、使うたびに戻していては時間がムダになるときもある、と割り切って、モノの一時的な居場所＝避難所を作ってあげましょう。

カゴやイスの背が便利な収納スペースに

「避難所」の作り方は超カンタン。小物類の居場所はカゴ、洋服類の居場所はイスの背などと決め、とっさに住所に帰れないモノたちを一か所にまとめるだけでOKです。こうすれば、はぐれモノが部屋中にバラバラと散乱せずにすみ、見た目にもスッキリ片づきます。

ただし、避難所はあくまで一時的なもの。なるべく早く、本来の置き場所に戻すのを忘れずに。

これがきっちり守れないと、避難所にモノが重なりながら増えていき、し

避難所から不用品を見分ける

避難所のなかのモノを定期的に元の住所に戻しているのに、ずっととどまっているモノがあれば、それは不用品だと疑ってみるべき。きちんと判断して、場合によっては処分を考えましょう。

まいにはそこに何があるのかわからない謎の吹きだまり状態に……。これでは、せっかく住所を決めた苦労が水の泡です。

定期的に避難所を見直し、不要なモノを捨てたり、必要なモノを本来の置き場所に戻しましょう。その作業は「ながら」「ついで」でＯＫ。1日1回はムリでも、週に1回とか、カゴがいっぱいになったら、くらいのゆるめのルールを決めて続けましょう。

POINT

一時的にモノを置いておく場所を数か所決めておく。早めに本来の「住所」に戻す時間を作る。

6章

片づかないモノたちの

快適&ラクラク片づけ術

どうがんばっても片づかないモノが……。
そんなときは出しっぱなし収納で解決!

「放り込み収納」と「出しっぱなし収納」を使い分けるのがズボラ流

放り込み収納並みにラクチンな「出しっぱなし収納」

第5章で紹介した「放り込み収納」と同じくらい、ラクチンで便利な方法があります。それが「出しっぱなし収納」。単に出しっぱなしにするのではなく、ちょっとしたコツで手間なくスッキリ見せる、いわば「飾る収納」です。

この出しっぱなし＝「飾る収納」を心がけると、モノを買うにも自分の好きなモノ、本当に使うモノを選ぶようになり、そんなモノしか置きたくなくなります。使わない不用品は処分しようという気にもなっていきます。

「出しっぱなし」を「飾る収納」に見せる3つのコツ

コツ1 そろえる

出しっぱなしでも、見た目をきちんとそろえて置くだけで片づいた印象にな

出しっぱなし収納の威力

部屋が少しくらい散らかっていても、出しっぱなしの部分に目を奪われ、見られたくないズボラ部分が目立たなくなります。

向いているのは？

放り込み収納と出しっぱなし収納には、モノによって向き不向きがあります。次のポイントを参考に使い分けてみましょう。

よく飲むお茶やコーヒーを透明な瓶に入れてキッチンの棚に並べておけば、統一感があって見た目もスッキリ。

ります。そろえるポイントは、色・テイスト・素材・サイズです。

コツ2　まとめる

色やテイスト、素材やサイズが違うモノたちを出しっぱなしにするときは、カゴやトレイにまとめて入れるテクを。乱雑な印象がぐっとやわらぎます。

コツ3　こだわる

お気に入りのモノがあると、居心地がよくなりますよね。出しっぱなしにするモノには、「これ好き！」「おしゃれ！」と感じるこだわりのものを選びましょう。

☆放り込み収納向き
- ●種類や量が多く細かな分類が面倒。例：文房具など
- ●量が一定せず、増減する。例：雑誌、洗濯物など
- ●見た目がイマイチで隠したい。例：ガムテープなど

☆出しっぱなし収納向き
- ●出しっぱなしのほうが使いやすい。例：毎日飲むお茶など
- ●部屋のインテリアにマッチする。例：調理道具、カトラリーなど
- ●自分のセンスやこだわりをアピールできる。例：お気に入りのジャケットのCDや本など

POINT

見栄えのよい「出しっぱなし収納」もラクチン。「そろえる」「まとめる」「こだわる」のがコツ。

マイルーム収納のコツ①

狭い空間を生かせる「ちょい掛け・吊るし」ワザ

お出かけアイテムもちょい掛け

空間を有効活用できる「ひっ掛け」収納は、狭い部屋を広く見せる効果も◎。あちこちにセンスよく「ちょい掛け」できる場所を作ってしまいましょう。

つい脱ぎっぱなし・置きっぱなしにしてしまう上着やバッグの一時的な住所=避難所にもできます。買い物バッグの「住所」にして、なかに日よけ帽子、手袋などを入れておけば、散歩や買い物に行くとき、すぐに出かけられます。

出っ張りのある部屋ならつっぱりポールが大活躍

真四角ではなく、**壁際に出っ張りがあったりとデッドスペースのある部屋なら、その狭い間口はつっぱりポールを設置するのにぴったり。**洋服やバッグ、マフラーや帽子など、いろんなモノをひっ掛けて収納しましょう。

クーポンは忘れないようにちょい掛けを

クーポンは、しまいこんではダメ。目につきやすい家具の側面のピンに吊るしたひもに、ミニ洗濯ばさみではさんでおけば、使い忘れを防げます。

ウォールポケットの吊るしワザ

手の届きやすい場所に、ウォールポケットを吊るして

上着やバッグ掛けにはひっ掛けタイプのフックを活用

家具の最上部やドアにフックをつけてひっ掛け収納を。

家具の最上部にひっ掛けられるタイプのフックをつければ、そのまま買い物バッグや洋服ハンガーのひっ掛け収納場所になります。また、ドアの最上部にひっ掛けて使うタイプのドアフックも便利です。ちょっと位置が高めなので、丈の長いコートを掛けたり、お客様用の上着やバッグ掛けとして使うこともでき、重宝します。

おくと便利。リモコン、メモとペンなど、よく使う生活雑貨の収納に大活躍してくれます。

ちょい掛けテクでティッシュの「住所」を固定

ティッシュも「どこだっけ?」になりやすい。ちょい掛けで場所を固定しましょう。吊るせるタイプのティッシュボックスに入れて、手の届きやすい壁や家具にフックをつけるだけでOK。

POINT

空間、デッドスペースを最大限に利用するには、ちょい掛け&吊るし収納がぴったり。

マイルーム収納のコツ②

本類・CD・DVDの「たまっても見た目スッキリ」

引き出し収納や置きっぱなし収納をフル活用

本類は、収納力を重視しつつ、スッキリ見えて、処分のタイミングがわかる収納ワザを工夫しましょう。ＣＤやＤＶＤの収納にも応用できます。

収納ワザ1　本棚の前面をおしゃれな布でカバーリング

「ぎっしり本が詰まった本棚が、部屋のなかで圧迫感ありすぎ！」と感じたら、**本棚の最上部につっぱり棒などを使って布を吊るし、ふだんは隠しておくとスッキリ。**日焼けによる本の色あせも防げます。

収納ワザ2　同じ種類やサイズでまとめて並べる

本を並べるとき、同じサイズや種類の本をまとめると、スッキリとして見えます。文庫本をまとめて並べるなど、高さをそろえるだけでもＯＫです。

収納ワザ3　縦長カゴをマガジンラック代わりに

後ろの本が見える2列の並べ方

本棚に奥行きがあれば、前列と後列に分けて本を並べると収納力がアップ。もう読むことはないだろうけれど、一応取っておきたい「死蔵本」を後列に積んで段差を作ると、後ろの本も見えて探すのがラクになります。お気に入りの本は前列に、後列には、もしかしたら読み直すかもしれない本を並べておきます。

本棚に布を吊るせば圧迫感がなくなる。
イスの上を本や雑誌の指定席にすれば見せる収納に。

雑誌が丸ごと入るサイズの四角いカゴをマガジンラック代わりに。雑誌を読み終えたらそこに立てて入れてみましょう。雑誌を出し入れしやすいし、読んだら右端に入れる、というルールにすれば、読まない雑誌だけが左にたまり、処分の判断がしやすくなります。

収納ワザ4 大量のマンガ単行本は引き出す収納で

全巻そろったお気に入りのマンガの単行本。**本棚の奥行きに合う箱に入れてみましょう。箱ごと出し入れできて、**奥にある本も取りやすくなります。

紙袋を活用する

4つ折りにした新聞や雑誌を入れるのにちょうどいいサイズの手提げタイプの紙袋があったら、それを収納に使わない手はありません。読み終わった新聞や雑誌をどんどん立てて入れていき、紙袋がいっぱいになったら資源置き場へ直行。新聞や雑誌を束ねたりする手間もいらず、ラクチンです。

POINT

本や雑誌は、見せても隠してもなんとかなる。本棚を使いやすいように工夫する。

マイルーム収納のコツ③

紙類の行方不明を防ぐ「立てて放り込み」ワザ

紙類をスリムに収納

書類などの紙類は、散らばりがち。増えるとボリュームも出てきます。**必要なモノだけを厳選した上で、立てる「放り込み収納」で、使いやすさとしまいやすさをアップさせましょう。**

重要書類はファイルに分けて1ボックス収納

家電の保証書と説明書、マンション・引っ越し関連の契約書、生命保険の契約書など、大切にしまったつもりなのに、いざというときに見つからない。それを防ぐワザをマスターしましょう。**それぞれの書類ごとにばらけないようにクリアファイルにはさんでから、縦型の書類立てに立てておく方法です。**

家電の保証書は説明書とペアにして、1家電ごとに1つのクリアファイルに

領収書類はハードクリアファイルに

領収書や請求書も、受け取ったらクリアファイルに入れて書類立てに。固いハードクリアファイルなら、はさむだけでぺたんこになり、ふくらみません。

はさみましょう。契約書も1件ずつファイルにはさみます。

クリアファイルは半透明なので中身はひと目でわかりますが、片づけを徹底させるためにも、何を入れたかを必ずファイルに書いておきましょう。

取っておきたいDMやチラシはカゴで保管

取っておきたいDMやチラシは、出し入れがラクなカゴに入れると便利です。スリムな取っ手付きのカゴを選んで壁や家具の側面にちょい掛けすれば、ふだんは目立たないけれど、必要なときにすぐに取り出せます。空き時間に古くなったもの、不要なものをチェックして処分しましょう。

かさばる紙袋も立てて収納

買い物したときにもらったおしゃれな紙袋。上と前がオープンになっているブックスタンド型ケースなら大きいものでも収納できます。取っておくのはケースがいっぱいになる量まで、と決めて増やさないように。

POINT

紙類は立てて収納。この方法ならスペースの節約と出し入れのしやすさが両立できる。

マイルーム収納のコツ④

増える文房具や化粧品は「1軍2軍分け」ワザ

ふだん使いを1軍選手に

文房具やメイクグッズもいつの間にか増えてしまう代表選手。出し入れしやすさと使いやすさを考えて、**1軍（ふだん使い分）と2軍（予備の分・あまり使わない分）に「住所」を分けて収納するのがおすすめです。**

1軍は目立つところに　2軍は見えないところに

文房具は缶などに立てて出しっぱなしにするのが一番ラクですが、たくさんあるとごちゃついて見えるので、**よく使う1軍は「目立つところに出しっぱなし」、予備の2軍は「見えないところに放り込む」と収納ワザを使い分けましょう。**

出しっぱなしにする場合、黒ペン、赤ペン、フェルトペンなどは2～3本ず

スキンケアグッズは並べるだけでも◎

お肌のお手入れをする場所が決まっている、という人は、スキンケアグッズを厳選すれば、まとめて出しっぱなしでOK。高さをそろえて正面向きにきちんと並べるだけでスッキリ見えます。

小さなクリームなどはまとめてカゴに入れ、アイビーなどの観葉植物を挿したガラスの小瓶をいっしょに飾るなどして変化をつければ、見た目の印象もアップ。

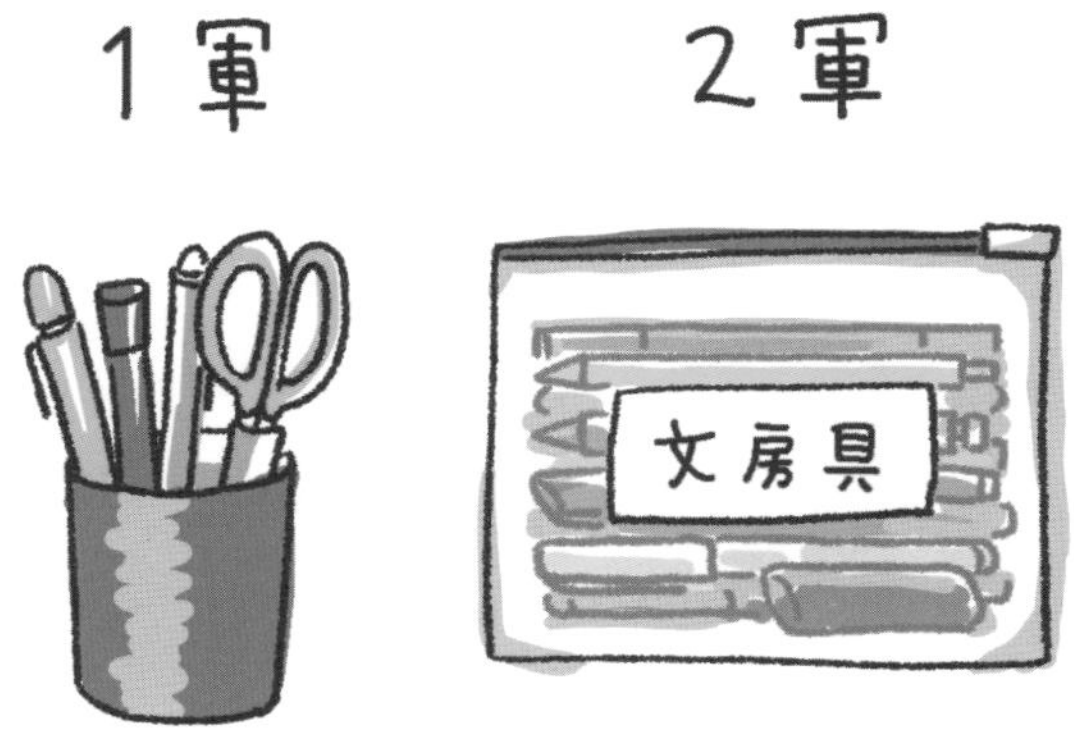

1軍はペン立てやトレイで出しっぱなし、
2軍は透明ジッパー袋に入れて放り込み収納へ。

つ、はさみやステープラーは1つずつ、などと使う頻度に合わせて数を決め、ペン立てなどに立てます。

1軍から外れた予備の文房具は透明ジッパー袋に入れてキュッとスリムにまとめてから、引き出しやカゴなどに放り込む収納に。

メイクグッズは、よく使うお気に入りのモノだけを棚に並べたりメイクボックスに入れます。残りは透明ジッパー袋にひとまとめにしてしまっておきましょう。

どんどん増える口紅はパレットに移して使う

使いかけがたまっていく口紅は、それでも捨てられないというなら口紅用パレットケースに移して。いちいち1本ずつふたを取らないとわからなかった色が、パレット上なら全色わかり、色も混ぜて使えます。

POINT

1軍・2軍分けで、ずいぶん整う。1軍は出しっぱなし。2軍は何が入っているかわかる工夫を。

マイルーム収納のコツ⑤

お気に入りは「飾る収納」で楽しむ

お手本はショップのディスプレイ

ファッション小物や雑貨など、お気に入りのモノたちを見えない場所にしまってしまうと出し入れが面倒だし、「どれがいいかな」とくらべながら探す楽しさが味わえません。

ショップのディスプレイを参考に、**出しっぱなしなのに片づいて見える「飾る収納」にチャレンジしてみましょう。**

お気に入りのアクセサリーや本は「飾る収納」

コルクボードに押しピンを差し、そこにお気に入りのネックレスやピアス、時計などを吊るせば、選ぶときも一目瞭然。からみやすいネックレスやペンダントなども、からまずにすぐ使えるのがうれしいポイントです。コルクボード

ストラップやキーホルダーもディスプレイ

ストラップやキーホルダーなどのファッション雑貨を、使わないけれど愛着があって手放せない、かわいくて集めてしまうというなら、しまい込むのはもったいない。アクセサリーと同様、市販のコルクボードを利用してディスプレイしてみましょう。

本棚の一角にお気に入りの本を表紙が見えるように並べて「飾る収納」に。

ごと壁に吊るしても、棚の上に飾ったり側面に掛けても◎。

本棚の一角を飾り棚にして、お気に入りの本を表紙が見えるように並べると、おしゃれな雑貨店のような雰囲気に。ポイントは、ゆったりとスペースをとって飾ること。

飾るのは、お気に入りの本だけでなく、写真立てや箱、一輪挿し、ぬいぐるみなどなんでもあり。しまい込むのがもったいないモノを試しにディスプレイしてみましょう。

「飾る収納」でスッキリ見せるコツ

本棚の一角を飾り棚にするとき、飾るスペースは本棚全体の3分の1～4分の1が目安。段ごとに飾るスペースを作ってもいいし、一番目立つ段だけを丸ごと空けて、そこにまとめて雑貨を飾ってもOK。たくさん並べることが最優先だった本棚に、飾るスペースをプラスするだけで、スッキリ見えます。

POINT

お気に入りのモノは飾って収納しよう。ゆったり飾れば見た目にも楽しめるディスプレイに。

マイルーム収納のコツ⑥

大物や季節モノは「年中出しっぱなし」ワザ

季節モノや布団を使わないときはカバーリング

お客様用の布団、冬だけ使うファンヒーターなど、かさばって重いモノは収納場所を取るのが悩みのタネ。クローゼットから出したりしまったりするのもひと苦労です。ならば、**1年中出しっぱなしにしても気にならないワザを使って、インテリアの一部として活用してしまいましょう。**

じゃまな季節モノは飾り台に

ファンヒーターやストーブなど一時期しか使わないモノは、シーズンオフにはさっと布をかけて出しっぱなしに。ちょっとした飾り台になって、これまで日の目を見なかった置物を飾る場所にぴったりです。布は部屋のインテリアに合う色やテイストを選べば、スッキリと見えるのでおすすめです。

出しっぱなしの扇風機を冬にも活用

扇風機も収納場所に困る季節家電。部屋干しの洗濯物を乾かす、室内の空気を循環させるという使い方で、冬でも出しっぱなし&活用しましょう。1年中出しっぱなしにするわけだから、部屋に置いてストレスのない気に入ったデザインのものを選びましょう。

カバーリングで布団がクッションに

もしものときのためのお客様用の布団。気づけば、ずっとクローゼットの中でじゃまになってしまう……。**そんなときは、思い切って外に出して、毎日使えるようにひと工夫しましょう。**

たとえば、夏用の掛け布団は縦に2つ折りにしてからくるくる巻き、キャンディみたいに布で包んで両側を太いリボンでしばれば、かわいいクッションに。眠るときの抱き枕にだって使えます。

布団のカバーリングアイデア

①3つ折りにした敷布団やマットレスに布をかけてから壁に寄せて床置きし、②掛け布団クッションを背もたれにすれば、座り心地のいいソファとしても使えます。①と②で使う布は同じものに。

POINT

季節モノ、収納に困る布団類。出しっぱなしにしてインテリアの一部にしたり、別の用途で使ってしまおう。

マイルーム収納のコツ⑦

部屋をスッキリ見せる小ワザ紹介

目くらましワザ&「ボリュームダウン」ワザ

ほんのちょっとの手間で、部屋全体がスッキリ見える。そんな目くらまし効果抜群のインテリア術をご紹介しましょう。また、**狭い場所に大量にモノをしまえる「ボリュームダウン」ワザ**も、覚えておいて損はありません。

家具は一直線置きして後ろに収納スペースを作る

壁に背をピタッとくっつけて家具を並べている人は多いと思いますが、家具の奥行きが違うと、どうしても前面がデコボコになって統一感がなくなり、雑然とした印象に。**スッキリ見せるためには、家具の前面をまっすぐそろえて置くのがおすすめです。**

家具の後ろにスポッと見えないすき間ができるので、そこをスノーボードや

雑誌のカサを減らすワザ

かさばる雑誌は、雑誌の表紙と読み返したいページだけを残し、不要な記事や広告部分を破り取れば大幅にボリュームダウンできます。コツは、雑誌がバラけないように、中央の綴じ金具部分から1センチくらいを残すこと。表紙が残っているので、目当ての記事を見つけやすいのもメリット。読み返したいページをスキャンしてデータ化する方法もあり。

キーボードなどの大物の収納に活用しましょう。

出しっぱなしOKの作業スペースを確保

ネイルアートやアクセサリー作り、ソーイングが趣味などという人は、部屋の隅などに机を置き、専用のコーナーを作りましょう。

置いていいのは専用の道具だけ。そのスペース内でなら、やりっぱなし、出しっぱなしもOKという決まりにすれば、いちいち片づける手間が省け、能率がアップ。

ネイルカラーや色とりどりの糸、ビーズの入ったボトルもずらりと並べてアトリエ風に演出してもキレイです。

CD、DVDの省スペース収納ワザ

CDやDVDは、増えすぎるとどこにしまうかが悩みの種。中身と解説さえあればいいやと思えるモノなら、思い切って外側のケースを捨ててしまいましょう。中身と解説だけ、市販のCD用ファイルに移し替えれば、スッキリスリムになって収納がラクになります。

POINT

1か所でもインテリアの見せ場があると、部屋全体の印象がアップする！

マイルーム収納のコツ⑧

カラーボックスの使いこなしワザ

カゴを入れれば放り込み収納に最適

ホームセンターなどで安く売られている3段式のオーソドックスなカラーボックス。そのまま使ってももちろんいいのですが、入れるモノに合わせて賢く使い分けするのがコツです。

カラーボックスにそのままモノをバラバラと入れたのでは雑然としがち。見栄えがいいように並べなくてはならないのも面倒です。

そこで活用したいのが、カゴや市販

カラーボックスにぴったりはまるカゴやボックスを使えばスッキリ収納できる。

寝かせて2段3段と重ねる

寝かせたカラーボックスを、2段3段と重ねてオープン棚として使うアレンジも。たとえば、下段には引き出しボックスなどを入れ、放り込み収納としてフル活用。上段には、雑誌や雑貨、写真スタンドなどをディスプレイしてオープン棚に。

の引き出しボックスです。中身が見えないので、放り込み収納にぴったり。カラーボックスの棚にすっぽり入るように作られたドンピシャサイズのカゴや引き出しボックスが、素材や色も豊富に売られています。部屋のインテリアになじみそうなモノを探してみましょう。

横に寝かせれば雑誌を立てて収納できる

収納力抜群のカラーボックス。雑誌なども入れたくなりますが、実は棚の高さが足りなくて雑誌を立てて並べるのはムリ。**ならば、カラーボックスを横に寝かせてみましょう。これなら雑誌を立てて並べるのに最適なサイズの棚になります。**

薄い雑誌も100円ショップの本立てケースに入れてから並べればスッキリ立てて収納できます。大型本や写真集を立てて並べるのにもぴったり。

布をかければソファにも！

フタを開けると中にモノを収納できるボックス型ソファも、カラーボックスで簡単に作れます。カラーボックスを上向きに寝かせ、中に使わないけれど捨てられないモノ（死蔵品）をぎっしり詰め、その上にふたになるようなぴったりサイズの板を乗せ、お気に入りの布でカバーリングするだけ。板の上に座布団や、クッションを置けば、座り心地のいいボックス型ソファとして重宝します。

POINT

カラーボックスはひと工夫することで放り込み収納にもオープン棚にも使える。

キッチン収納のコツ

「出しっぱなし」と「ひとまとめテク」で快適に

料理のモチベーションも上がる⁉ 使い勝手を考えた収納

狭いスペースにたくさんの食品、食器、調理グッズや保存容器が集まるキッチン。モノをムダなく使いこなすためにも、**使用頻度の高いモノは「一番よく使う場所」に「出しっぱなし」にすると便利です。**生活感があふれるモノを「飾りながら」収納&片づけるワザをマスターしましょう。

ただし、出したままでは雑然と見えるモノは、シンクやガス台の下の棚や吊り戸棚、引き出し、カゴなど見えない場所にポンポン「放り込める」収納スペースを作るのが正解。

見た目にこだわりつつも、ストレスをためずに片づけられるワザを、できるところから少しずつ試していけばOK。キッチンが徐々に使いやすくなって、お料理がもっと楽しくなるはずです。

高い場所に収納するモノは

吊り戸棚など、高くてモノを取りづらい場所には、たまに使うモノだけを用途別にまとめて収納しましょう。たとえば、クリスマスに飾るオブジェをクリスマス用食器といっしょにしまう。たまに来る来客向けに「来客用」の箱を作って、カップ&ソーサー、紙ナプキン、スティックシュガーをいっしょに入れておく、など。

よく使うキッチンツールやカトラリーは立てて出しっぱなしに

おたまや菜箸、フライ返し、木べらなど、毎日使うキッチンツールを引き出しにしまうと、出し入れが面倒。**縦長の入れ物に立てて、出しっぱなしにするとラクチンです。**

ふだんよく使う1軍を種類別に1~2個ずつ出しておくのがポイント。あまり使わない2軍は引き出しに入れておきましょう。

毎日使う箸やスプーン、フォークといったカトラリーも、立てて出しっぱなしがラク。使うモノだけを厳選して陶器のカップなどに立てておき、食事のたびにテーブルに移動。食事が終わ

引き出しにざっくりと分類して放り込む

オープン棚にぴったりサイズのカゴを入れて、引き出せるようにすると、放り込み収納に引き出し機能がプラスされてグンと使いやすくなります。形や大きさの違う小皿類、予備のカトラリー類、お弁当用の小物、ふきんなどを種類別にざっくり収納するのに重宝します。

すべての引き出しにいえますが、あまり細かく分類したり、ぎゅうぎゅうに詰め込むとかえって使いにくくなるので注意。「1つの引き出しに1ジャンル」を目安にしましょう。

ったら入れ物ごとキッチンに運び、洗ったらまたそこに戻す、を繰り返せば、使い勝手バツグンです。

ガス台の周りの壁に棚やフックをつけて出しっぱなしに

キッチンツールや調味料など、ガス台や調理台の周りでよく使うものは出しっぱなしに。壁につけられる奥行きの狭いラックや小さな棚をプラスすれば、スパイスや調味料をずらりと並べるのにぴったり。

ステンレス製のネットやポールを壁に取り付けて、S字フックでキッチンツールを吊るしておけば、料理をしながらすぐ手を伸ばして使えます。

「毎日」鍋と「たまにしか」鍋をいっしょに置かない

毎日使う鍋やフライパンなどをシンクやガス台の下に収納していると、扉を開けて取り出す手間が面倒です。特に、たまにしか使わない鍋やフライパンと重ねて収納していると、出すのにもしまうのにもイライラしてしまいます。

ならば、使う頻度によって「住所」を変えましょう。たまにしか使わないものはガス台やシンクの下でいいのですが、毎日使う鍋やフライパンだけ1個ず

ストック食品はまとめて収納

カゴなどで、ストック食品専用の収納スペースを作っておきましょう。種類別にジッパー袋にまとめ、放り込んでおくだけ。調味料などが切れかけたら、買う前にそのスペースをのぞくようにすれば重複買いを防げます。

重くてかさばるモノは立ててシンク下に収納

シンク下は、土鍋やカセットコンロ、ホットプレートなどのふだん使わない重くてかさばるモノ置場に。外箱の出し入れ口を内側に折り込んで立てておけば、立

つ、外に出しておけばいいのです。

ガス台前の壁にフックをつけて吊るしたり、ガス台からひょいと振り向いたところにあるオープンラックなどにさっと入れられるスペースを作るなど、使いやすい置き場所を工夫してみてください。

よく使うツールを厳選して出しっぱなしに。使い勝手が格段によくなる。

同じタイミングで使う仲良しさんはひとまとめに

ティーポットとカップ&ソーサー、シュガーポットとスプーンなど、同じタイミングで使う仲良しさんはひとまとめに。食器棚のなかにトレイやカゴごと引き出せるように入れると便利です。

てて収納できるうえ、外箱が仕切りになってすっと取り出せます。

ひとまとめテクの応用

冷蔵庫でもひとまとめテクは応用できます。パンにつけるジャムやバターをまとめた「洋朝食セット」、ふりかけやのり、梅干しなどをまとめた「ささっとご飯を食べるときセット」など、カゴやトレイにまとめて入れておくとラク。

POINT

使い勝手を優先して住所を決める。よく使うモノは出しっぱなし収納。

玄関収納のコツ

収納力アップの小ワザでスッキリ

第一印象を決める玄関は「出さない」収納

人が来たときに、まずはじめに見られる玄関。ここがごちゃごちゃしていると第一印象が悪くなり、家全体が散らかっているように思われることも。反対に、玄関がスッキリしていれば、第一印象がよくなります。ちょっとした片づけワザを使って、スッキリ気持ちのいい玄関に変身させましょう。

ふだん履かない靴は別の場所に移動

玄関の収納スペースといえば下駄箱。よく履く2、3足以外の靴を全部ここにしまうことができれば、たたきも広々スッキリするはず。でも、下駄箱の収納スペースは限られています。**そんなときは、あまり履かない靴、たとえばシーズンもののブーツやサンダル、フォーマル用の靴は部屋のクローゼットなど**

あまり履かない靴の収納グッズ

あまり履かない靴を入れる容器は、衣類用の透明な引き出しケースが便利です。紙箱から出して引き出しケースにしまい、そのまま押し入れに入れておく。透明で中身が見えるので、必要なとき迷わずすぐに取り出せます。

別の部屋に移動させましょう。

靴の収納力を増やすアイデア&小物

買ったときに靴が入っていた紙箱を重ねて、収納に利用している人も多いと思います。**箱に切り込みを入れて、中の靴が見え、取り出しやすいようにひと工夫してみましょう。**

また、上のイラストのように100円ショップなどで売られている、**左右の靴を上下交互にして収納するZ型靴用ホルダーを使うのもおすすめ。**1足を上下に入れられるので、すき間が消えて収納力が2倍にアップします。

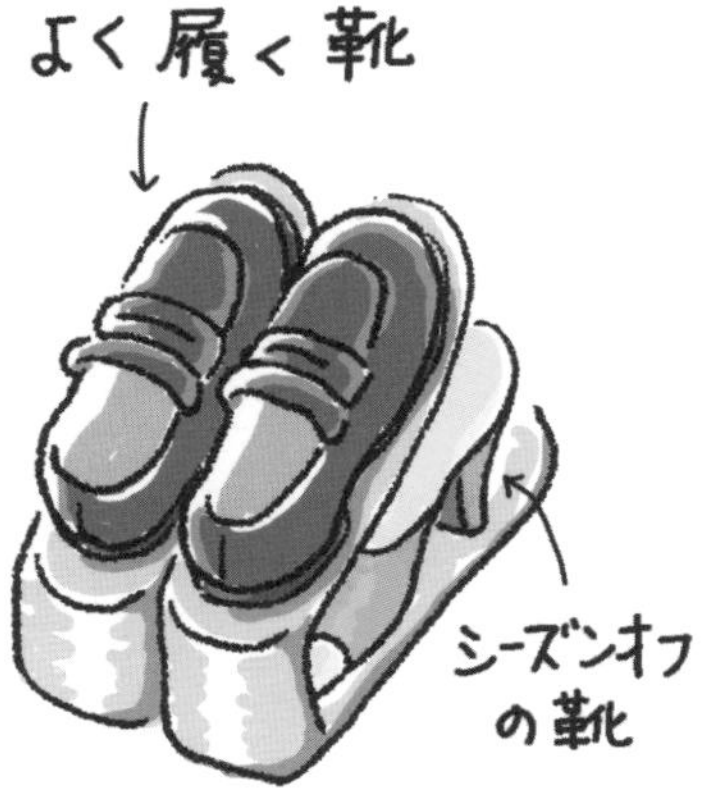

来客用スリッパはふたつきカゴに

来客スリッパはお客様が来ない限り、玄関ではじゃまモノ。でもいざというときすぐ使えるように、ふたつきのかごに放り込んで玄関に置きましょう。カゴの上にランチョンマットを敷き、花やアロマキャンドルを飾れば、ディスプレイスペースにもなります。

POINT

お客様の第一印象を左右する玄関はスッキリが大原則。靴はなるべく外に出さない工夫を！

洗面所・脱衣所・洗濯機周り収納のコツ

「ひっ掛け」ワザでラクチン収納

上部を活用した「風通しのよい収納」を

脱衣所などはモノをどんどん重ねたり、押し込んだりするとすぐにカビたり湿気たりしてしまいがち。そんな事態を避けるために、「ひっ掛け」収納を活用しましょう。上部のスペースを使うので、風通しのよい収納ができます。

ランドリーバッグを脱衣カゴ代わりに

脱衣所で脱いだ衣類を入れておく脱衣カゴがあると便利です。カゴを置くスペースがない場合は、大きめのランドリーバッグを洗濯機側面につけたフックなどに吊るして、脱衣カゴ代わりに使いましょう。洗濯機で洗ってOKなモノはそのまま洗濯槽に入れ、おしゃれ着洗いするモノや洗わずにもう一度着るモノはランドリーバッグに入れる、と決めておけば仕分けがラクです。

洗濯用品は洗濯機にひっ掛けて収納

シミ抜きやおしゃれ着洗い用洗剤など、洗剤はまとめて収納しましょう。スペースがなければ、強力マグネットで洗濯機にペタンと貼り付けたフックにカゴをひっ掛けて、その中に入れます。

洗濯機にマグネット付きフックを貼って、布袋をかけ、そこに洗濯ネットを収納する方法も◎。

湿気がちな洗面台下の活用法

湿気がちな洗面台の下は、**ストック置き場に活用しましょう。手前に引き出せるプラスティックのスリムボックスを入れて使うと、奥まで有効活用できます。**

スリムボックスは幅が狭いので、シャンプーやリンスなどのストックを立ててしまうのにぴったり。収納スペースの奥行きを考えてボックスの幅を選びましょう。

「ヘアケア用品のストック」「掃除用洗剤のストック」というように、「1ケース1目的」と決めておきます。

洗面所の扉の裏側は小物収納に最適

扉の裏にウォールポケットを粘着フックで吊るせば、シャンプーや化粧品類の試供品やヘアピン、ヘアゴムなど、洗面所に集まりがちなこまごましたモノを整理して収納できます。中身がひと目で見渡せるよう、透明のものがおすすめです。

POINT

スペースがなければ、ひっ掛け収納などで工夫を。収納場所に応じた入れ物を選ぼう。

クローゼット・押し入れ収納のコツ

メリハリ収納で使いやすい部分をフル活用

使いやすいところだけ使って残りは死蔵品置き場に

クローゼットや押し入れは、家中で一番広い収納スペース。なんでも押し込んでしまえる便利な場所ですが、実は一番収納整理するのが難しい場所。特に押し入れは、奥までフルに出し入れしやすくするには、相当な工夫と忍耐強さが必要です。

収納整理に時間をたっぷり割けないのなら、**使いやすいところだけを使い、後は死蔵品置き場にすればいい、くらいに割り切ったほうが、ストレスなく片づけが進みます。**

伸びてしまう素材の服以外は干したままハンガー収納がラク

シャツやブラウス、カットソー、パンツなどは洗濯した後に畳むのが面倒く

クローゼットの扉の内側は小物収納に最適

外開きに開くクローゼットの扉の内側は、見やすくて手も届きやすいので収納スペースにうってつけ。ネクタイ専用フックをつけて、ネクタイのほかベルト、洋服ブラシなどを掛けて収納するのにぴったり。ウォールポケットを吊るしてアクセサリーを1つずつ入れていくのもおすすめです。

さいですよね。**だったら、伸びてしまう素材の服以外は全部ハンガー干しして、取り込んだらそのままクローゼットに直行させてしまいましょう。**

吊ることで服全体が見えるので選ぶときも便利だし、洗濯後たたまなければいけない服が激減して大助かり。たたみジワがつく心配もなくなります。

死蔵品は処分できる状態にしてから押し入れの奥へ

まだ捨てる決心がつかない死蔵品は、段ボール箱や紙袋に入れて密封してから押し入れの奥や天袋へ入れておきましょう。「本類」「古着屋行き」などざっくりとジャンルや処分先を明記しておくと、いざ捨てるときに処分がラクになります。

押し入れのふすまを外す手もあり!

押し入れのふすまを外すと、中がグンと見やすくなり、使いやすくなります。しかも部屋が広く感じられます。外したふすまは、押し入れ上段の奥に横にして入れておけばじゃまになりません。

ロングサイズのつっぱり棒を使って、シンプルな布をカーテンのように吊るして目隠しするのもよいでしょう。

処分服を見分ける服のかけ方

クローゼットに服をかけるときは、右側を空けておくクセをつけましょう。新たにかけるときは必ず空いている右側から服をかけていくようにすれば、やがて左側に着ない服がたまっていき、処分すべき服が自然にわかるようになります。

空っぽのカゴ置き場を確保し、部屋着をポイ！

押し入れやクローゼット内に、深めのカゴを入れておきましょう。1回着たけれどまだ洗わなくていいふだん着をポイポイ入れたり、パジャマや部屋着置き場、取り込んだ洗濯物の一時置き場にしたりと、使い方はどんな風に決めてもOK。そのまま扉を閉めてしまえば、服のごちゃ置きをスッキリ隠せます。

クローゼットがないときの押し入れ活用

クローゼットがなくて吊るす収納スペースがない場合は、押し入れの内側にポールをつけて、服をかけるクローゼットに変身させてみては。押し入れ用のつっぱり棒もありますが、よりしっかりとネジでつけてしまうという手もあります。

POINT

クローゼットや押し入れは、ラクチン収納のバリエーションがいっぱい。

7 章

リバウンドを徹底的に防ぐ！

片づいた部屋をキープするコツ

毎日のちょっとしたコツで、
スッキリ片づいた部屋をキープできるのです。

1週間後には汚い部屋に逆戻り……を防ぐには

リバウンド防止の決め手は「元に戻す」「増やさない」

さて、この本に書いてあることをここまで実行できていたら、あなたの部屋は、以前とは見違えるほどスッキリ片づいているはずです。

ただし、長年身についた散らかしグセのせいで、せっかく片づけた部屋をリバウンドさせるという危険性も大いにあり得ます。**そうならないためのポイントは2つ。①出したら定位置に戻す、②モノを増やさない、です。**

この2つを守るようにすれば、片づいた状態をキープできるというわけです。

「出したら戻す」は意外と早くできる

モノを使ったら、元の住所に戻す。こうすれば散らかりませんね。

モノを増やさないコツ

・必要以上に買いだめしてストックを増やさないこと。日用品は、今使っているモノ＋1個で十分。調味料は、「そろそろなくなるかな」のタイミングで補充する。

・タダのモノをもらわない、ため込まないこと。弁当や惣菜についてくるしょうゆ、割り箸などは、使わないと思えばその場で捨てる。化粧品のサンプルも、むやみにもらわない。

「戻す時間がもったいない……」と思うかもしれませんが、戻す時間は意外とかからないもの。たいていは5秒以内ですむはずです。

モノの出し入れが面倒にならないように、住所を決めたはず。それなのに「面倒だな」と感じるのなら、モノの住所や出し入れする動作の数を見直したほうがいいのかもしれません。

やむを得ず住所から遠いところで使ったようなときは、避難所のカゴに入れて、後でカゴのなかのモノをまとめて戻すようにするといいでしょう。

モノを増やさないために捨てグセをつけよう

4章でも触れたように、モノは放っておくと、じわじわと増えていきます。

増えていくモノに対抗するには、一方で、毎日「捨てる」行動を起こして、「入」

モノの「入」と「出」のバランスを取る具体例

・洗面所の棚を開けたとき、使っていないヘアワックスを見つけたら捨てる。
・新しい靴を収納するスペースが下駄箱になかったら、履いていない靴を1足捨てる。
・薬箱を開けて、期限切れの薬があったら捨てる。

と「出」のバランスを取っていく必要があります。

まずは、常に「捨てられるモノ」「捨ててもいいモノ」はないかという意識を持つことが大事です。意識すると、案外、捨てられるモノが見つかるもの。「捨てよう」と思ったら、その場でゴミ箱に入れましょう。

そうやって、少しずつ「捨てグセ」をつけることが、モノを増やさない生活につながっていくのです。

気がついたときにすぐに捨てることも大事ですが、並行して、一定の期間を決め、いっせいに捨てるモノを選別する機会を作るとなお効果的です。

「捨てよう」とまではいかなくても、「捨ててもいいかな?」と思ったモノは、第4章で紹介した「保留」のモノが入っている箱や袋のなかに移動させましょう。 定期的に「保留」のモノをチェックするときに、あらためて処分するかどうかの判断をすればいいのです。

定期的に捨てる具体例

・DM、雑誌は半月経過したら捨てる。
・水道・光熱費の使用量のお知らせ、請求書、領収書は半年または1年経過したら捨てる。
・冷蔵庫は1か月おきにチェックして、傷みかけているモノや賞味期限切れのモノを捨てる。
・1か月に1回、収納棚1段分をチェックして「捨てられるもの」がないかを点検。

POINT

モノを増やさないことが片づいた部屋をキープするコツ。そのためにも「戻しグセ」「捨てグセ」をつけよう。

テーブルと床の上だけは モノを置かないスペースに

テーブルと床。面積の広い場所のスッキリ感だけは死守する

テーブルは、いろいろなモノの「とりあえず置き場」になりやすいところ。テーブルの上は、①手軽にモノが置ける、②ほしいモノがすぐに取り出せて、その場で使える、③モノが迷子になりにくい、といった便利な点がいくつもあり、何でもポイポイ置きがちです。

でも、部屋のなかで一番視界に入りやすいのもテーブルの上。ここにモノが置かれていると、部屋全体がごちゃついた印象に。

同じように、床にモノがじかに置かれていると、部屋全体が散らかった印象を与え、また狭く感じるものです。その上、掃除機がかけにくくなり、室内を清潔に保つ点でもＮＧ。

反対に、**テーブルや床の上に出しっぱなしのモノがないだけで、室内のスッキリ感は格段にアップします。**テーブル、床、あるいはソファやベッドの上など室内で広い面積を占める部分が片づいていると、部屋全体がスッキリした印象になります。**「テーブルと床の上にモノを置かない」というルールを作るだけで、かなりの確率で片づいた部屋をキープできます。**

テーブルや床の上の散らかしっぱなしは「避難所」で解消

知らないうちにテーブルの上にモノがたまってしまう。これを防ぐためにおすすめなのがＰ82で紹介した「避難所」です。

まず大きめのカゴを用意し、テーブルの下に置いておきます。そして、食事の前にはテーブルの上に置いてあるモノ全部をカゴに入れるというルールを作

それでもテーブルや床の上にモノを置きたいとき

調味料はトレイに乗せる、紙類は書類立てに立てる、雑誌や本はマガジンラックに入れるなど、テーブルや床にじかに置かないように工夫しましょう。入れ物を決めると、モノが散乱しないと同時に、量も決まってきて、際限なく増えるのを防ぐ効果があります。

っておけば、テーブルの上の散らかりっぱなしを解消できます。

カゴのなかのモノは、お風呂の水をためている間に元の「住所」に戻す、などと決めておけば、いつもスッキリをキープできるはずです。カゴがいっぱいになったら元に戻したり不用品を処分する、くらいのゆるいルールでもＯＫ。

とにかく寝る前には、テーブルの上だけはモノがなくスッキリしている状態を心がけましょう。

床の上でモノが散らかってしまう。このお悩みの解決にも、避難所が効果的です。１日数回、何も考えずに床に散らばったモノを避難所カゴにポイポイ放り込むだけ。

そして、別の部屋に移動するときに避難所カゴをのぞき、別の部屋から持ってきたモノがあれば「ついでに戻す」ことにすればいいのです。この習慣がつくと、部屋はいつもきれいに片づいて見えます。

避難所のカゴにモノを放り込む作業は「ながら」で十分

スマホを見ながら、音楽を聴きながら、テレビのＣＭを待ちながら……。モノを避難させるときは、何も考えずに手と足だけ動かすような、ながら作業に徹してＯＫ。

POINT

テーブルと床の上にモノを置かない工夫をするだけで片づいた部屋はキープできる。

ちょっとした工夫できれいな部屋がキープできる方法

1日5分間の片づけタイムを作ろう

散らかり放題の部屋を一から片づけるにはパワーが必要です。この本を読んで片づけを思い立った当初は、慣れない片づけにかなりのエネルギーを要したのではないでしょうか？

でも、いったんある程度片づけが完了し、また自分なりの片づけと収納のルールができれば、後はそんなにがんばらなくても、片づいた状態がキープできます。

そのために、1日5分間の片づけタイムを作ってみましょう。たった5分間で、散らかった部分をメンテナンス的に片づけるだけでOKです。5分間でできることですから、たいしたことはありません。それでも毎日コツコツ実行していけば、達成感を味わいながらキレイな部屋をキープできます。

時間帯を決めて後回しを防ぐ

毎日続けるために、「片づけタイム」のタイミングや時間帯を決めておくのがコツ。たとえば、帰宅後すぐ、食後、入浴前、「夜10時から」、など。「今日は、まっ、いいか。明日にしよう」と考えにくくなります。

5分間でできる片づけ

◎玄関の脱ぎっぱなしの靴を下駄箱に戻す

◎郵便物の要・不要のチェック

◎雑誌、本、新聞を決まった場所に戻す

◎CDやDVDを決まった場所に戻す

◎洗濯物をたたむ

◎ソファの上を片づける

◎引き出しのなかの不用品を処分する

◎明日のゴミ出しの準備をする

◎買ってきたモノ（食料品や日用品）を所定の場所にしまう

◎クリーニングに出すモノを準備する

◎冷蔵庫のなかの賞味期限切れの食品をチェックする

◎インクの出ないペン、固まったのりなど使えない文房具を処分する

◎使っていない化粧品を処分する

◎使わない食器、欠けた食器を処分する

◎水道・光熱費などの領収書を片づける。古いモノは処分する

◎古い手紙、年賀状を整理する。いらないモノは処分する

◎避難所カゴのなかのモノを元の住所に戻す

曜日ごとに「片づけのテーマ」を決める

片づけを習慣化する方法として、曜日ごとに「片づけのテーマ」を決めておくのもおすすめです。

実はズボラさんにとって片づけで一番おっくうなのが、その日どこを片づけるかを考えること。

ならば、「今日は火曜日だから、洗面所とお風呂場の散らかり始めたモノを元に戻す日ね」と、あらかじめ片づけるべき場所やテーマを決めておけば、おっくうがらずに行動に移せるはず。

この曜日ごとの片づけミッションも、1日5分と決めてOK。5分過ぎて終わらなければ翌週に回していいと思えば、取りかかりもラクになります。

片づいた部屋を維持するコツ❶

自分や家族だけだとなまけがちになりますが、他人の目に触れる機会があると気合が入るもの。特に、おっくうになりがちなトイレ掃除は、人を招待する作戦が有効です。どうせ人をお招きするなら、プチホームパーティーを開くのもいいかも。

まずは1か所、徹底的にキレイにするスペースを決める

生活している場を隅々までキレイな状態にしておくのは大変ですし、また、その必要もありません。特に、片づけビギナーさんは、部分的に片づいた状態をキープするだけでも十分です。

たとえば玄関のたたき、出窓、テレビ周り、洗面台など。それが難しいようなら、引き出し１つ分でもかまいません。「１日５分間の片づけタイム」に行ってもいいので、とにかくそこだけは徹底的にキレイにしておきます。

初めは引き出し１つ分を整とんしておくことがやっとだったのが、片づけのコツがつかめたら、徐々に、引き出し１つ分から２つ分に、玄関のたたきから下駄箱の上も、洗面台の上から洗面所の収納棚のなかも……というように、常時片づいているスペースが広がっていくはずです。

以前は、全体的に散らかっている部屋に、片づいた箇所がオアシスのようにちょこっとだけ存在していたのが、ふと気がつくと部屋の半分まで進歩し、やがては逆転することになるでしょう。

ここまでくれば、あなたは立派な「片づけ上手さん」です。

片づいた部屋を維持するコツ❷

散らかり出した部屋やテーブルの上に、とりあえず花を1輪飾ってみては。花を飾ると、散らかった室内のなかでそこだけパッと華やぎ、自然とその辺りを片づけたくなります。花の代わりに、観葉植物やフェイクフラワーでも効果があります。

小さな片づけを習慣化して「片づけられる人」に

このように、毎日の片づけが習慣になれば、片づけが苦になりません。入浴前にメイクを落とすように、寝る前に歯を磨くように、自分の行動パターンのなかに自然と取り入れられるようになります。

それに、少しずつでもキレイを継続できるようになれば、片づけないとどこか落ち着かない気分になるはず。「片づいていない」状態に敏感になって、移動のついでに片づけるモノを持っていく、電子レンジでチンを待つ間にキッチン周りをさっと整理する、といった行動が自然とできるようになっていきます。

こうなったら、あなたはもう「片づけられる人」の仲間入り。理想とする美しい部屋にどんどん近づいていくのです。

片づいた部屋を維持するコツ③

部屋を片づけたら、すぐに写真を撮って、スマホの待ち受けにしたり、プリントアウトして目につくところに貼って、毎日眺めるようにしましょう。キレイな部屋の状態が潜在意識にインプットされ、少しでも散らかったら、元のキレイな状態に戻そうと無意識に脳と体が働き始めます。

部屋の全景はもちろん、コーナーのディスプレイなども細かく撮影しておくのがおすすめです。

POINT

「1日5分間の片づけタイム」「1か所キレイをキープ」。小さなことを習慣化して、片づけ上手さんに！

本書は弊社発行『汚い部屋から今度こそ絶対抜け出す本』に加筆・修正を行って再編集し、改題したものです。

著者略歴

村越克子（むらこし・かつこ）

編集会社勤務を経て、フリーライターとして生活情報誌を中心に家計・家事・家族関係などをテーマに執筆活動を続ける。主著に『綱渡り生活から抜けられない人のための絶対！ 貯める方法』『いつのまにかお金がなくなる人のための今度こそ貯金ができる方法』（小社刊）。

笠原恭子（かさはら・きょうこ）

出版社勤務を経てフリーランスに。面倒くさがり屋でもできる工夫生活の楽しさに目覚め、片づけ・収納ほか、さまざまな家事のアイデアについての記事を執筆。著書に『リメイクッキング』（しょういん）。

staff

ブックデザイン	佐々木 容子（カラノキデザイン制作室）
イラスト	小豆だるま
編集協力	松原葉子／パケット
校正	くすのき舎

汚い部屋から今度こそ絶対抜け出す！
人生が変わる片づけ術

2023年1月10日　第1刷発行

著　者	村越克子・笠原恭子
発行者	永岡純一
発行所	株式会社永岡書店
	〒176-8518
	東京都練馬区豊玉上1-7-14
	代表　03(3992)5155　編集　03(3992)7191
ＤＴＰ	センターメディア
印　刷	精文堂印刷
製　本	ヤマナカ製本

ISBN978-4-522-44060-5 C0077